Dr. Oetker KÜCHEN-BIBLIOTHEK

Torten und Plätzchen

Torten

Die mit dem fruchtig-frischen Belag: Obsttorten

Beliebte, schnelle Sommer-Torten, reichlich mit farbenfrohen, sonneverwöhnten Früchten belegt. Erdbeer-Torten, Himbeer- und Sauerkirsch-Torten, mit Schlagsahne verziert, wer könnte einer solchen Versuchung widerstehen Seite 7

Meistens sahnig und manchmal mit Frucht: Sahnetorten

Die köstlichen Schönen für den sonntäglichen Kaffeetisch Seite 20

Werden zu festlichen Anlässen gebacken: Cremetorten

Die Favoriten bei Familienfesten, Hochzeiten, Taufen, Jubiläen Seite 60

Damit hat Oma schon den Opa verwöhnt: Klassische Torten

Ob Kaiserin-Friedrich-Torte, Schicht-, Käse- oder Möhren-Torte - die feinkrumigen Gebäcke, oft mit Schokoladenguß oder knusprig mit Krokant und Nüssen, passen zu jeder Gelegenheit Seite 80

Plätzchen

Sie schmecken zu jeder Tageszeit

Zum Tee, zum Kaffee, als feines Beiwerk zu einem Dessert und natürlich auch zwischendurch: Zarte Orangen-Plätzchen, Vanillekipferl, Eierkränzchen und . . .

Backen in der Vorweihnachtszeit

Nuß- und Mandelplätzchen, Honig-Gebäck, Makronen - die beliebten, würzigen Advents- und Weihnachts-Gebäcke

Konfekt und Petits fours

Sind nicht nur zum Verschenken da

Die feinen Köstlichkeiten aus Marzipan, Früchten, Schokolade, feinen Likören und Gewürzen - zum Verschenken und zum Genießen

Küchenratgeber

Was Sie über die Kunst der Tortenbäckerei und das Backen feiner Plätzchen wissen sollten, lesen Sie hier: Über klassische Tortenteige, über die verschiedenen Füllungen und Glasuren; welche Back- und Hilfsgeräte Sie benötigen und wie Pannen beim Backen vermieden und behoben werden können

Torten

Die mit dem fruchtig-frischen Belag: Obsttorten

Rhabarber-Torte mit Baiser

(Abb. unten)

Für den Teig

150 g Weizenmehl mit
1 Messerspitze Backpulver mischen, auf die Tischplatte sieben, in die Mitte eine Vertiefung eindrücken
65 g Zucker
1 Ei
etwas abgeriebene Schale von 1 Zitrone (unbehandelt) hineingeben, mit einem Teil des Mehls zu einem dicken Brei verarbeiten
65 g kalte Butter oder Margarine in Stücke schneiden, auf den Brei geben, mit Mehl bedecken, von der Mitte aus alle Zutaten schnell zu einem glatten Teig verkneten, etwa 30 Minuten kalt stellen
den Teig in eine gut gefettete Tortenbodenform (Durchmesser etwa 24 cm) gleichmäßig hineindrücken, mehrmals mit einer Gabel einstechen
die Form auf dem Rost in den vorgeheizten Backofen schieben
Strom: Etwa 200
Gas: 3-4
Backzeit: 20-25 Minuten
den gebackenen Tortenboden etwas abkühlen lassen, auf einen Kuchenrost stürzen

für den Belag

1,5 kg Rhabarber putzen, waschen, evtl. abziehen, in etwa 3 cm lange Stücke schneiden, mit
250 g Zucker
2 Päckchen Vanillin-Zucker vermengen, einige Zeit zum Saftziehen stehenlassen
1 Stück Zitronenschale (unbehandelt) hinzufügen, den Rhabarber in einen großen, flachen Topf geben, zugedeckt etwa 5 Minuten dünsten lassen (Rhabarber darf nicht zerfallen), die Zitronenschale entfernen
35 g Speisestärke mit
6 Eßl. Weißwein anrühren, den Rhabarber damit binden, im kalten Wasserbad erkalten lassen

für das Baiser

5 Eiweiß so steif schlagen, daß ein Messerschnitt sichtbar ist, nach und nach
250 g Zucker unterschlagen
etwas Zitronensaft hinzufügen
die Baisermasse in einen Spritzbeutel mit großer Sterntülle füllen
das Rhabarber-Kompott auf dem Tortenboden verteilen, dick mit der Baisermasse bespritzen, die Torte unter den vorgeheizten Grill schieben, goldbraun überbacken
Grillzeit: 2-3 Minuten.

Johannisbeer-Baiser-Torte

(Abb. rechts)

Für den Teig

250 g Weizenmehl auf die Tischplatte sieben, in die Mitte eine Vertiefung eindrücken
65 g Zucker
1 Päckchen Vanillin-Zucker
Salz
1 Ei hineingeben, mit einem Teil des Mehls zu einem dicken Brei verarbeiten
125 g kalte Butter in Stücke schneiden, auf den Brei geben, mit Mehl bedecken, von der Mitte aus alle Zutaten schnell zu einem glatten Teig verkneten, etwa 1 Stunde kalt stellen
⅔ des Teiges auf dem gefetteten Boden einer Springform (Durchmesser etwa 28 cm) ausrollen

den restlichen Teig zu einer Rolle formen, sie als Rand auf den Teigboden legen, so an die Form drücken, daß ein etwa 4 cm hoher Rand entsteht
den Teigboden mehrmals mit einer Gabel einstechen
die Form auf dem Rost in den vorgeheizten Backofen schieben

Strom: 200-225
Gas: 4-5
Backzeit: 10-15 Minuten

für den Belag

500 g rote Johannisbeertrauben waschen, abtropfen lassen, die Beeren mit einer Gabel von den Stielen streifen

5 Eiweiß so steif schlagen, daß ein Messerschnitt sichtbar ist, nach und nach
175 g Zucker unterschlagen, die Johannisbeeren unterheben
den noch heißen Tortenboden mit
30 g geriebenem Zwieback bestreuen, die Johannisbeer-Baisermasse darauf verteilen
die Form nochmals in den vorgeheizten Backofen schieben, die Baisermasse goldbraun backen

Strom: Etwa 225
Gas: 4-5 Minuten
Backzeit: 5-10 Minuten
die Torte 1-2 Stunden in der Form auskühlen lassen, erst dann vorsichtig aus der Form lösen.

Beigabe: Geschlagene Sahne.

Erdbeertorte mit Baiserhaube

(Abb. oben)

	Für den Teig
150 g Weizenmehl	auf die Tischplatte sieben, mit
100 g abgezogenen, gemahlenen Mandeln	mischen, in die Mitte eine Vertiefung eindrücken
65 g Zucker **1 Päckchen Vanillin-Zucker** **1 Ei**	hineingeben, mit einem Teil des Mehls zu einem dicken Brei verarbeiten
125 g kalte Butter	in Stücke schneiden, auf den Brei geben, mit Mehl bedecken, von der Mitte aus alle Zutaten schnell zu einem glatten Teig verkneten, etwa 30 Minuten kalt stellen ⅔ des Teiges auf dem Boden einer gefetteten Springform (Durchmesser etwa 26 cm) ausrollen, aus dem restlichen Teig eine Rolle formen, sie als Rand auf den Teigboden legen, etwa 2-3 cm hochdrücken den Teigboden mehrmals mit einer Gabel einstechen die Form auf dem Rost in den vorgeheizten Backofen schieben
Strom:	Etwa 200, **Gas:** 3-4
Backzeit:	20-25 Minuten
	für den Belag
750 g Erdbeeren	vorsichtig waschen, abtropfen lassen, entstielen, evtl. halbieren, mit
Zucker	bestreuen, abtropfen lassen
	für den Guß
4 Eßl. Himbeersirup	mit dem Erdbeersaft und
Wasser	auf 250 ml (¼ l) Flüssigkeit auffüllen, mit
1 Päckchen Tortenguß, rot **Zucker**	nach der Vorschrift auf dem Päckchen zubereiten, auf den erkalteten Tortenboden streichen, die Erdbeeren darauflegen, mit
3 Eßl. Himbeergeist	beträufeln
	für das Baiser
3 Eiweiß	so steif schlagen, daß ein Messerschnitt sichtbar ist, nach und nach
150 g Zucker	unterschlagen die Eiweißmasse auf die Erdbeeren streichen
einige Pistazienkerne	darüberstreuen die Torte unter den vorgeheizten Grill schieben
Grillzeit:	3-5 Minuten.

Aprikosen-Mandel-Torte

(Abb. rechts)

	Für den Teig
175 g Weizenmehl	mit
1 Messerspitze Backpulver	mischen, auf die Tischplatte sieben, in die Mitte eine Vertiefung eindrücken
25 g Zucker **1 Päckchen Vanillin-Zucker** **2 Eßl. Weißwein**	hineingeben, mit einem Teil des Mehls zu einem dicken Brei verarbeiten
125 kalte Butter	in Stücke schneiden, auf den Brei geben, mit Mehl bedecken, von der Mitte aus alle Zutaten schnell zu einem glatten Teig verkneten knapp ⅔ des Teiges auf dem umgedrehten, gefetteten Boden einer Springform (Durchmesser etwa 26 cm) ausrollen, den Springformrand darumstellen aus dem restlichen Teig eine Rolle formen, sie als Rand auf den Teigboden legen, so an die Form drücken, daß ein 2-3 cm hoher Rand entsteht den Teigboden mehrmals mit einer Gabel einstechen die Form auf dem Rost in den vorgeheizten Backofen schieben
Strom:	200-225, **Gas:** 3-4
Backzeit:	Etwa 15 Minuten
	für die Füllung
125 g weiche Butter	geschmeidig rühren, nach und nach
125 g Zucker **1 Päckchen**	

Vanillin-Zucker	
4 Eigelb	
abgeriebene Schale von ½ Zitrone (unbehandelt)	unterrühren
125 g unabgezogene, gemahlene Mandeln	unterrühren
4 Eiweiß	steifschlagen, unterheben die Masse auf dem vorgebackenen Knetteigboden verteilen, glattstreichen die Form auf dem Rost in den vorgeheizten Backofen schieben
Strom:	Etwa 175
Gas:	2-3
Backzeit:	30-35 Minuten die gebackene Torte erkalten lassen
500 g gedünstete	

Aprikosenhälften	abtropfen lassen, den Saft auffangen, 250 ml (¼ l) davon abmessen, die Aprikosenhälften mit der Wölbung nach oben auf die Mandelfüllung legen
	für den Guß
1 Päckchen Tortenguß, klar	
2 gestrichene Eßl. Zucker	
250 ml (¼ l) Aprikosensaft	nach der Vorschrift auf dem Päckchen zubereiten, auf die Aprikosen geben die Torte am Rand mit
1-2 Eßl. abgezogenen, gehobelten, gebräunten Mandeln	bestreuen.

Bananen-Torte mit Aprikosen

(Abb. unten)

	Für den Teig
300 g Weizenmehl	mit
1 gestrichenen Teel. Backpulver	mischen, auf die Tischplatte sieben, in die Mitte eine Vertiefung eindrücken
100 g Zucker	
1 Päckchen Vanillin-Zucker	
Salz	
1 Ei	hineingeben, mit einem Teil des Mehls zu einem dicken Brei verarbeiten
125 g kalte Butter oder Margarine	in Stücke schneiden, auf den Brei geben, mit Mehl bedecken, von der Mitte aus alle Zutaten schnell zu einem glatten Teig verkneten, etwa 30 Minuten kalt stellen
	für den Belag
etwa 500 g gedünstete Aprikosen	abtropfen lassen
4 Bananen	schälen beide Zutaten in Spalten bzw. Scheiben schneiden, mit
2 Eßl. Zitronensaft	
1 Eßl. Aprikosengeist	
25 g abgezogenen, gehackten Mandeln	vermengen, abgedeckt etwas durchziehen lassen ⅔ des Teiges auf dem Boden einer gefetteten Springform (Durchmesser etwa 28 cm) ausrollen, ihn am Springformrand etwa 2 cm hochdrücken den Teigboden mehrmals mit einer Gabel einstechen die Form auf dem Rost in den vorgeheizten Backofen schieben
Strom:	200–225
Gas:	Etwa 4
Backzeit:	Etwa 10 Minuten die Früchte auf dem vorgebackenen Boden verteilen den restlichen Teig zu einer Platte in der Größe der Springform ausrollen, als Decke auf die Früchte legen die Teigdecke mehrmals mit einer Gabel einstechen die Form auf dem Rost in den vorgeheizten Backofen schieben
Strom:	200–225
Gas:	Etwa 4
Backzeit:	Etwa 35 Minuten
	für den Guß
150 g gesiebten Puderzucker	mit
2–3 Eßl. Zitronensaft	verrühren, die heiße Tortenoberfläche damit bestreichen, den Guß fest werden lassen.

Stachelbeer-Torte mit Makronen-Gitter

(Abb. rechts)

	Für den Teig
Etwa 200 g Weizenmehl	auf die Tischplatte sieben, in die Mitte eine Vertiefung eindrücken
65 g Zucker	
Salz	
1 Ei	hineingeben, mit einem Teil des Mehls zu einem dicken Brei verarbeiten
125 g kalte Butter oder Margarine	in Stücke schneiden, auf den Brei geben, mit Mehl bedecken, von der Mitte aus alle Zutaten schnell zu einem glatten Teig verkneten, etwa 1 Stunde kalt stellen
	für den Belag
750 g Stachelbeeren	von Stiel und Blüte befreien, die Beeren waschen, abtropfen lassen von
500 ml (½ l) Weißwein	5 Eßl. abnehmen, beiseite stellen, den übrigen Wein mit
200 g Zucker	

1 Päckchen Vanillin-Zucker
abgeriebener Schale von 1 Zitrone (unbehandelt) zum Kochen bringen, die Stachelbeeren hineingeben, zum Kochen bringen, weichdünsten lassen (Beeren dürfen nicht platzen)
die Stachelbeeren mit einer Schaumkelle aus dem Saft nehmen, abtropfen lassen

80 g Speisestärke mit dem zurückgelassenen Weißwein anrühren, den Stachelbeersaft damit binden, die Stachelbeeren vorsichtig unterheben, etwas abkühlen lassen
⅔ des Teiges auf dem Boden einer gefetteten Springform (Durchmesser etwa 28 cm) ausrollen
den restlichen Teig zu einer Rolle formen, sie als Rand auf den Boden legen, so an die Form drücken, daß ein etwa 4 cm hoher Rand entsteht
den Teigboden mehrmals mit einer Gabel einstechen
die Form auf dem Rost in den vorgeheizten Backofen schieben

Strom: Etwa 200
Gas: 3-4
Backzeit: 20-25 Minuten

2 Zwiebäcke sehr fein reiben, auf den erkalteten Tortenboden streuen
das Stachelbeer-Kompott auf dem Tortenboden verteilen

für das Makronen-Gitter

200 g Marzipan-Rohmasse mit
50 g gesiebtem Puderzucker
2 Eigelb
1 Eßl. Zitronensaft verrühren
die Masse in einen Spritzbeutel mit mittlerer Tülle füllen und ein Gitter auf den Belag spritzen
die Torte etwa 30 Minuten stehenlassen, damit die Makronenmasse antrocknen kann, die Form in den vorgeheizten Backofen schieben, goldbraun überbacken

Strom: 225-250
Gas: 4-5
Backzeit: Etwa 5 Minuten

2 Eßl. Aprikosen-Konfitüre mit
2 Eßl. Wasser verrühren, aufkochen lassen, die etwas abgekühlte Torte damit bestreichen.

Obsttörtchen

12-14 Törtchen
(Abb. oben)

	Für den Teig
200 g Weizenmehl	mit
1 gestrichenen Teel. Backpulver	mischen, auf die Tischplatte sieben, in die Mitte eine Vertiefung eindrücken
75 g Zucker	
1 Päckchen Vanillin-Zucker	
Salz	
4 Tropfen Backöl Zitrone	
2 Eßl. Wasser	hineingeben, mit einem Teil des Mehls zu einem dicken Brei verarbeiten
100 g kalte Butter	in Stücke schneiden, auf den Brei geben, mit Mehl bedecken, von der Mitte aus alle Zutaten schnell zu einem glatten Teig verkneten, sollte er kleben, ihn eine Zeitlang kalt stellen den Teig etwa 3 mm dick ausrollen,
	mit einer runden Form (Durchmesser etwa 10 cm) ausstechen, auf ein Backblech legen, mehrmals mit einer Gabel einstechen, in den vorgeheizten Backofen schieben
Strom:	175-200
Gas:	3-4
Backzeit:	10-15 Minuten die erkalteten Plätzchen gleichmäßig mit
Sahnesteif	bestreuen, um zu verhindern, daß die mit Obst belegten Plätzchen durchweichen
	für den Belag
500-750 g rohes Obst (z. B. Erdbeeren, Himbeeren, Heidelbeeren, Weintrauben)	waschen (Himbeeren nur verlesen),

	gut abtropfen lassen, entstielen oder verlesen, mit
Zucker	bestreuen, kurze Zeit stehenlassen
oder gedünstetes oder eingemachtes Obst (z. B. Ananas, Aprikosen, Pfirsiche, Sauerkirschen, Stachelbeeren, Mandarinen)	abtropfen lassen, die Früchte auf die Plätzchen legen (einen etwa 1 cm breiten Rand frei lassen)
	für den Guß
1 Päckchen Tortenguß	mit
Zucker **250 ml (¼ l) Wasser oder Fruchtsaft**	nach der Vorschrift auf dem Päckchen zubereiten, über das Obst verteilen
	nach Belieben
250 ml (¼ l) Schlagsahne	½ Minute schlagen
1 Päckchen Sahnesteif	mit
1 Päckchen Vanillin-Zucker	mischen, einstreuen, die Sahne steifschlagen, die Törtchen am Rand mit der Sahne verzieren.

Himbeer-Torte

(Abb. rechts)

	Für den Teig
125 g Weizenmehl	auf die Tischplatte sieben, in die Mitte eine Vertiefung eindrücken
30 g Zucker **Salz** **1 Ei**	hineingeben, mit einem Teil des Mehls zu einem dicken Brei verarbeiten
65 g kalte Butter	in Stücke schneiden, auf den Brei geben, mit Mehl bedecken, von der Mitte aus alle Zutaten schnell zu einem glatten Teig verkneten, ihn etwa 1 Stunde kalt stellen ⅔ des Teigs auf dem gefetteten Boden einer Springform (Durchmesser etwa 23 cm) ausrollen den restlichen Teig zu einer Rolle formen, sie als Rand auf den Teigboden legen, so an die Form drücken, daß ein etwa 4 cm hoher Rand entsteht den Teig mehrmals mit einer Gabel einstechen die Form auf dem Rost in dem vorgeheizten Backofen schieben
Strom:	Etwa 200
Gas:	Etwa 4
Backzeit:	20-25 Minuten den gebackenen Boden aus der Form lösen, erkalten lassen

	für den Belag
750 g Himbeeren	verlesen, die Hälfte davon mit
125 ml (⅛ l) Wasser **125 ml (⅛ l) Weißwein** **60 g Zucker**	zum Kochen bringen, in etwa 10 Minuten weichdünsten lassen
1 Päckchen Gelatine gemahlen, weiß	mit
3 Eßl. kaltem Wasser	anrühren, 10 Minuten zum Quellen stehenlassen die gedünsteten Himbeeren auf ein Sieb geben, abtropfen lassen (Himbeeren anderweitig verwenden), den Saft erhitzen, die gequollene Gelatine unter Rühren darin auflösen in kaltes Wasser stellen, bis die Flüssigkeit beginnt, dicklich zu werden die restlichen Himbeeren auf dem Tortenboden verteilen, die Gelierflüssigkeit darübergeben (3 Eßl. davon abnehmen, zurücklassen) die Torte kühl stellen das zurückgelassene Himbeergelee in einem kleinen Topf wieder flüssig werden lassen, den Tortenrand damit bestreichen, mit
etwa 40 g abgezogenen, gehobelten gebräunten Mandeln	bestreuen.

Rhabarber-Makronen-Torte

(Abb. oben)

	Für den Teig
175 g Weizenmehl	auf die Tischplatte sieben, in die Mitte eine Vertiefung eindrücken
50 g Zucker **1 Päckchen Vanillin-Zucker** **Salz** **abgeriebene Schale von ½ Zitrone (unbehandelt)** **1 Ei**	hineingeben, mit einem Teil des Mehls zu einem dicken Brei verarbeiten
100 g kalte Butter oder Margarine	in Stücke schneiden, auf den Brei geben, mit Mehl bedecken, von der Mitte aus alle Zutaten schnell zu einem glatten Teig verkneten, zu einer Kugel formen, mit
Weizenmehl	bestäuben, etwa 1 Stunde kalt stellen
	für die Makronenmasse
400 g Marzipan-Rohmasse **1 Ei** **1 Eigelb** **1 Teel. abgeriebene Zitronenschale (unbehandelt)**	verrühren, abgedeckt beiseite stellen
	für den Belag
1 kg Rhabarber	putzen, waschen, in 4-5 cm lange Stücke schneiden
125 ml (⅛ l) Weißwein	mit
125 ml (⅛ l) Rotwein **100 g Zucker** **etwas gemahlenem Zimt**	zum Kochen bringen, den Rhabarber portionsweise hineingeben, zum Kochen bringen, weichdünsten lassen (Rhabarber darf nicht zerfallen) den Rhabarber abtropfen lassen, den Saft auffangen den Teig kurz durchkneten, in der Größe einer Springform (Durchmesser etwa 28 cm) ausrollen, den Springformboden damit belegen den Teig mehrmals mit einer Gabel einstechen die Form auf dem Rost in den vorgeheizten Backofen schieben
Strom:	Etwa 200
Gas:	3-4
Backzeit:	Etwa 15 Minuten den vorgebackenen Tortenboden erkalten lassen, den Springformring abnehmen etwa ½ der Makronenmasse auf den Tortenboden geben, glattstreichen den Springformring bis zur halben Höhe einfetten, wieder um den Tortenboden stellen, schließen die restliche Makronenmasse in einen Spritzbeutel mit großer Sterntülle füllen und den Tortenrand ringsherum dicht mit Tuffs bespritzen die Form auf dem Rost auf die unterste Einschubleiste des vorgeheizten Backofens schieben
Strom:	Etwa 200
Gas:	3-4
Backzeit:	12-15 Minuten den gebackenen Tortenboden auf einem Kuchenrost auskühlen lassen
	für den Guß
1 Päckchen Tortenguß, rot	mit
250 ml (¼ l) Rhabarbersaft **Zucker**	nach der Vorschrift auf dem Päckchen zubereiten die Rhabarberstücke auf dem Tortenboden verteilen, den Guß darauf verteilen die Torte mit
geschlagener Sahne	servieren.

Feine Johannisbeer-Torte

(Abb. oben)

Für den Knetteig

150 g Weizenmehl auf die Tischplatte sieben, in die Mitte eine Vertiefung eindrücken

40 g Zucker
1 Päckchen Vanillin-Zucker
2 Eigelb hineingeben, mit einem Teil des Mehls zu einem dicken Brei verarbeiten

75 g kalte Butter oder

Margarine in Stücke schneiden, auf den Brei geben
von der Mitte aus alle Zutaten schnell zu einem glatten Teig verkneten
den Teig auf dem umgedrehten Boden einer Springform (Durchmesser etwa 28 cm) ausrollen, mehrmals mit einer Gabel einstechen, auf dem Rost in den vorgeheizten Backofen schieben
Strom: 200-225
Gas: 3-4
Backzeit: Etwa 15 Minuten
den Tortenboden sofort nach dem Backen vom Springformboden lösen, auf dem Springformboden erkalten lassen

für den Mandel-Biskuitteig

2 Eiweiß mit einem Handrührgerät mit Rührbesen steifschlagen
2 gehäufte Eßl. Zucker
Salz unterschlagen
3 Eigelb hinzufügen
2 gehäufte Eßl. Weizenmehl sieben, mit
2 Eßl. abgezogenen, gemahlenen Mandeln unterheben
den Teig in eine gefettete, mit Pergamentpapier ausgelegte Springform (Durchmesser etwa 28 cm) füllen, glattstreichen
die Form auf dem Rost in den vorgeheizten Backofen schieben
Strom: 175-200
Gas: 3-4
Backzeit: Etwa 15 Minuten
sofort nach dem Backen den Tortenboden aus der Form lösen, auf einen Kuchenrost stürzen, erkalten lassen

für den Belag

1 kg Johannisbeeren waschen, abtropfen lassen, mit einer Gabel von den Stielen streifen, mit
175 g Zucker bestreuen, etwas Saft ziehen lassen, in einen Topf geben, zum Kochen bringen
50-60 g Speisestärke mit
5 Eßl. kaltem Wasser anrühren, die Johannisbeeren damit binden, etwas abkühlen lassen, ab und zu durchrühren
den Knetteigboden mit
Johannisbeer-Gelee bestreichen, den Biskuitboden darauflegen, die Johannisbeermasse darauf verstreichen
3 Eiweiß steifschlagen, nach und nach
150 g Zucker unterschlagen
die Tortenoberfläche mit etwa der Hälfte der Eiweißmasse bestreichen, die restliche Eiweißmasse in einen Spritzbeutel mit Sterntülle füllen und die Torte damit verzieren
den Tortenrand mit
abgezogenen, gehobelten Mandeln bestreuen, die Torte auf dem Rost in den vorgeheizten Backofen schieben, die Baisermasse hell bräunen lassen
Strom: 225-250
Gas: 4-5
Backzeit: Etwa 5 Minuten.
Beigabe: Geschlagene Sahne.

Kiwi-Torte

(Abb. rechts)

175 g Löffel-Biskuits in eine Plastiktüte geben, die Tüte verschließen, die Löffel-Biskuits mit einem Teigroller zerdrücken
die Hälfte der zerbröckelten Biskuits auf den Boden einer gefetteten, mit Papier ausgelegten Springform geben (Durchmesser etwa 26 cm)
150 g weiche Butter geschmeidig rühren, nach und nach
125 g gesiebten Puderzucker mit
1 Päckchen Vanillin-Zucker
3 Eigelb
150 g abgezogenen, gemahlenen Mandeln
1½ Becher (225 g) Crème fraîche unterrühren
3 Kiwis schälen, in kleine Stücke schneiden, unterheben
die Masse auf die Biskuitbrösel geben, glattstreichen, mit den restlichen Bröseln bedecken
die Form abgedeckt 3-4 Stunden in den Kühlschrank stellen, dann auf eine Platte stürzen
3 Kiwis schälen, in Scheiben schneiden
die Tortenoberfläche dicht damit belegen
1½ Becher (225 g) Crème fraîche mit
1 Päckchen Sahnesteif
1 gehäuften Teel. Zucker steifschlagen, die Crème fraîche in einen Spritzbeutel mit Sterntülle geben, die Torte damit verzieren
den Tortenrand mit
abgezogenen, gehobelten, gebräunten Mandeln bestreuen.

Meistens sahnig und manchmal mit Frucht: Sahnetorten

Kirsch-Käse-Torte

(Abb. unten)

	Für den Teig
1 Packung (175 g) Löffelbiskuits	in eine Plastiktüte geben, mit einem Teigroller zerdrücken, mit
125 g weicher Butter	verkneten einen Springformring auf eine Tortenplatte setzen, den inneren Rand mit Alufolie oder Pergamentpapierstreifen auslegen, die Biskuitmasse hineingeben, etwas festdrücken
	für den Belag
200 g Doppelrahm-Frischkäse	mit
50-75 g Zucker **1 Päckchen Vanillin-Zucker** **3 Eßl. Zitronensaft**	verrühren
250 ml (¼ l) Schlagsahne	½ Minute schlagen
1 Päckchen Sahnesteif	einstreuen, die Sahne steifschlagen, unter die Käsemasse heben, die Masse auf den Tortenboden streichen
500-650 g Sauerkirschen (1½-2 Gläser)	abtropfen lassen, den Saft auffangen, 500 ml (½ l) davon abmessen,die Sauerkirschen auf der Käsemasse verteilen aus
2 Päckchen Tortenguß, klar **1-2 Eßl. Zucker** **500 ml (½ l) Kirschsaft**	nach der Vorschrift auf dem Päckchen einen Guß zubereiten den Guß über die Kirschen verteilen, fest werden lassen die Torte für 2-3 Stunden in den Kühlschrank stellen vor dem Servieren den Springformrand abnehmen, den Rand der Tortenoberfläche mit
geraspelter, weißer Schokolade	bestreuen.

Hippen-Torte

(Abb. rechts)

	Für den Teig
100 g Marzipan-Rohmasse	mit
2 Eiweiß **30 ml Milch**	verrühren
30 g Weizenmehl	mit
60 gesiebtem Puderzucker **gemahlenem Zimt**	vermengen, auf die Marzipanmasse sieben, den Teig portionsweise in ein gefettetes Waffeleisen oder in eine Crêpe-Pfanne geben und Hippen backen, auf einem Kuchenrost erkalten lassen
	für die Füllung
500 g Ananas-Fruchtfleisch (etwa 1¼ kg Ananas)	in dünne Stifte schneiden, gut die Hälfte im Mixer pürieren
400 ml Schlagsahne	½ Minute schlagen
2 Päckchen Sahnesteif	einstreuen, die Sahne steifschlagen, das Ananas-Püree,
2-3 Eßl. Orangen-Likör	unterziehen, evtl. mit
Zucker	süßen die Hippen mit der Ananas-Sahne bestreichen, die Ananasstifte darauf verteilen, jeweils 3-4 Hippen zu einer kleinen Torte zusammensetzen, die restliche Sahne in einen Spritzbeutel mit Sterntülle füllen, die Tortenoberfläche damit verzieren, mit
gehackten Pinienkernen	bestreuen, mit
Ananasstiften **Erdbeerachteln**	garnieren.
Tip:	Die Hippen erst kurz vor dem Verzehr mit der Füllung bestreichen und zusammensetzen.

Mozart-Torte

(Abb. rechts)

Für den Knetteig

150 g Weizenmehl auf die Tischplatte sieben, in die Mitte eine Vertiefung eindrücken

40 g Zucker
2 Päckchen Vanillin-Zucker hineingeben

100 g kalte Butter oder Margarine in Stücke schneiden, auf den Zucker geben, mit Mehl bedecken, von der Mitte aus alle Zutaten schnell zu einem glatten Teig verkneten
den Teig auf dem Boden einer Springform (Durchmesser etwa 28 cm) ausrollen, mehrmals mit einer Gabel einstechen, den Springformrand darumlegen
die Form auf dem Rost in den vorgeheizten Backofen schieben

Strom: 200–225, **Gas:** 4–5
Backzeit: Etwa 15 Minuten
den gebackenen Tortenboden sofort vom Springformboden lösen, aber erst nach dem Erkalten auf eine Tortenplatte legen

für den Biskuitteig

4 Eier
2 Eßl. heißes Wasser mit einem elektrischen Handrührgerät mit Rührbesen auf höchster Stufe in 1 Minute schaumig schlagen

100 g Zucker
1 Päckchen Vanillin-Zucker in einer Minute einstreuen, dann noch etwa 2 Minuten schlagen

75 g Weizenmehl mit
30 g Speisestärke
10 g Kakao
½ gestrichenen Teel. Backpulver mischen, die Hälfte davon auf die Eiercreme sieben, kurz auf niedrigster Stufe unterrühren
den Rest des Mehl-Gemisches auf dieselbe Weise unterarbeiten
den Teig in eine gefettete, mit Pergamentpapier ausgelegte Springform (Durchmesser etwa 28 cm) füllen, glattstreichen
die Form auf dem Rost in den vorgeheizten Backofen schieben

Strom: 175–200
Gas: 3–4
Backzeit: 30–35 Minuten
sofort nach dem Backen den Tortenboden aus der Form lösen, auf einen Kuchenrost stürzen, das Papier abziehen
den erkalteten Tortenboden einmal waagerecht durchschneiden

für die Füllung

50 g Rosinen verlesen, in
3 Eßl. Rum einige Stunden einweichen

1 Päckchen Gelatine gemahlen, weiß mit
3 Eßl. kaltem Wasser in einem kleinen Topf anrühren, 10 Minuten zum Quellen stehenlassen
die gequollene Gelatine erwärmen, bis sie gelöst ist

750 ml (¾ l) Schlagsahne fast steifschlagen, die Gelatine mit etwas von der Sahne verrühren, zu der übrigen Sahne geben, die Sahne vollkommen steifschlagen
die Sahne in 3 Teile teilen

75 g Nuß-Nougatmasse in einem kleinen Topf im heißen Wasserbad geschmeidig rühren, unter einen Teil der Sahne rühren
die eingeweichten Rosinen abtropfen lassen, die Flüssigkeit mit

20 g gesiebtem Puderzucker unter den zweiten Teil Sahne rühren
die Rosinen,

20 g gesiebten Puderzucker	unter die restliche Sahne rühren den Knetteigboden mit
2-3 Eßl. Preiselbeeren (aus dem Glas)	bestreichen, mit dem unteren Biskuitteigboden bedecken, etwas andrücken, mit der Nougatsahne bestreichen, mit dem oberen Biskuitboden bedecken, mit der Rosinensahne bestreichen von der Rum-Sahne 2-3 Eßl. in einen Spritzbeutel mit Sterntülle füllen mit der restlichen Rum-Sahne Rand und Tortenoberfläche gleichmäßig bestreichen den Tortenrand mit
Schokostreuseln	bestreuen die Tortenoberfläche mit der Sahne aus dem Spritzbeutel verzieren.

Kiwi-Quark-Torte

(Abb. S. 24)

	Für den Teig
125 g Weizenmehl	auf die Tischplatte sieben, in die Mitte eine Vertiefung eindrücken
30 g Zucker **½ Teel. abgeriebene Zitronenschale (unbehandelt)** **1 Eigelb**	hineingeben, mit einem Teil des Mehls zu einem dicken Brei verarbeiten
75 g kalte Butter	in Stücke schneiden, auf den Brei geben, mit Mehl bedecken, von der Mitte aus alle Zutaten schnell zu einem glatten Teig verkneten, ihn etwa 30 Minuten kalt stellen den Teig auf dem Boden einer gefetteten Springform (Durchmesser etwa 24 cm) ausrollen

die Form auf dem Rost in den vorgeheizten Backofen schieben

Strom: Etwa 200
Gas: 3-4
Backzeit: 15-20 Minuten

den gebackenen Tortenboden erkalten lassen

für den Belag

1 Päckchen Gelatine gemahlen, weiß mit
3 Eßl. kaltem Wasser anrühren, 10 Minuten zum Quellen stehenlassen

500 g Magerquark mit
150 g Zucker
3 Eigelb
Saft von 2 Zitronen verrühren

die gequollene Galatine unter Rühren erwärmen, bis sie gelöst ist, unter die Quarkmasse rühren, kalt stellen

sobald die Masse beginnt dicklich zu werden,

250 ml (¼ l) Schlagsahne steifschlagen, unter die Quarkmasse heben

2 Gläschen Orangen-Likör unterrühren

den gebackenen Tortenboden auf eine Tortenplatte legen, mit dem Ring einer Springform (Durchmesser etwa 24 cm) umlegen, die Quarkmasse einfüllen, glattstreichen, die Torte 3-4 Stunden in den Kühlschrank stellen

5-6 Kiwis schälen, in Scheiben schneiden schuppenförmig auf der Torte anrichten

für den Guß

1 Päckchen Tortenguß, klar
Zucker (nach Angabe auf dem Päckchen)
250 ml (¼ l) Fruchtsaft oder Wasser nach der Vorschrift auf dem Päckchen zubereiten, die Kiwischeiben damit bestreichen

die Torte bis zum Servieren in den Kühlschrank stellen.

Königliche Erdbeer-Torte

(Abb. rechts)

Für die Tortenböden

4 Eiweiß so steif schlagen, daß ein Messerschnitt sichtbar ist, nach und nach

200 g Zucker unterschlagen
die Masse in einen Spritzbeutel mit Lochtülle füllen (3-4 cm Durchmesser)
2 Böden (Durchmesser etwa 28 cm) auf zwei mit Back-Trennpapier belegte Backbleche streichen und einen Boden (Durchmesser etwa 28 cm) auf die mit Back-Trennpapier belegte Fettfangschale streichen
die 3 Tortenböden in einen Heißluft-Backofen schieben oder nacheinander abbacken

Strom: 110-120
Gas: 1-2
Backzeit: 1½-1¾ Stunden
die gebackenen Baiserböden im ausgeschalteten Backofen über Nacht nachtrocknen lassen

für die Füllung

1 kg Erdbeeren waschen, abtropfen lassen, entstielen, die Hälfte der Früchte pürieren, mit der

abgeriebenen Schale von 1 Zitrone (unbehandelt)
50 g Zucker
1 Eßl. Himbeergeist verrühren
200 g Erdbeeren in kleine Würfel schneiden, mit

2 Eßl. Himbeergeist beträufeln, mit dem Erdbeer-Püree zugedeckt beiseite stellen

200 g Kuvertüre in einem kleinen Topf im heißen Wasserbad geschmeidig rühren
die Tortenböden von dem Back-Trennpapier lösen, erst eine Seite der Böden mit der Kuvertüre bestreichen, trocknen lassen, dann die andere Seite bestreichen

4 Eigelb mit
100 g Zucker cremig rühren

250 ml (¼ l) Schlagsahne steifschlagen, etwa ¾ des Erdbeer-Pürees und die Eigelbcreme unterziehen
eine Tortenplatte mit Alufolie belegen, einen Springformring (Durchmesser etwa 28 cm) daraufsetzen, die Folie an den Seiten andrücken
einen Baiserboden mit der glatten Seite nach unten hineinlegen
die Hälfte der Erdbeer-Creme und die Hälfte der Erdbeerwürfel darauf verteilen, mit dem zweiten Baiserboden bedecken, etwas andrücken, die restliche Erdbeer-Creme und die restlichen Erdbeerwürfel daraufgeben, glattstreichen, mit dem dritten Boden bedecken
die Torte etwa 6 Stunden in das Gefrierfach des Kühlschranks stellen

½ Päckchen Gelatine gemahlen, rot mit
2 Eßl. kaltem Wasser anrühren, 10 Minuten zum Quellen stehenlassen

200 ml (⅕ l) Schlagsahne mit
1 Päckchen Vanillin-Zucker steifschlagen
den Springformring von der Torte lösen, die Alufolie abziehen
die Torte ganz mit der Sahne bestreichen (etwas davon zum Verzieren in einen Spritzbeutel mit Sterntülle geben, beiseite stellen)
die restlichen Erdbeeren halbieren, die Tortenoberfläche dicht damit belegen, dabei einen 2-3 cm breiten Rand freilassen
die gequollene Gelatine unter Rühren erwärmen, bis sie gelöst ist, unter das restliche Erdbeer-Püree rühren, die Erdbeeren dick damit bestreichen, die Torte mit der Sahne aus dem Spritzbeutel verzieren

Etwa 36 Löffelbiskuits der Tortenhöhe entsprechend abschneiden, rund um den Tortenrand stellen, etwas andrücken, sofort servieren.

Erdbeer-Torte

(Abb. oben)

	Für den Teig
4 Eier	
2 Eßl. heißes Wasser	mit einem elektrischen Handrührgerät mit Rührbesen auf höchster Stufe in 1 Minute schaumig schlagen
150 g Zucker	mit
1 Päckchen Vanillin-Zucker	mischen, in 1 Minute einstreuen, dann noch etwa 2 Minuten schlagen
100 g Weizenmehl	mit
100 g Speisestärke	
2 gestrichenen Teel. Backpulver	mischen, die Hälfte davon auf die Eiercreme sieben, kurz auf niedrigster Stufe unterrühren den Rest des Mehl-Gemisches auf dieselbe Weise unterarbeiten den Teig in eine Springform (Durchmesser etwa 28 cm, Boden gefettet, mit Pergamentpapier ausgelegt) füllen, glattstreichen die Form auf dem Rost in den vorgeheizten Backofen schieben
Strom:	175-200, **Gas:** 3-4
Backzeit:	20-30 Minuten sofort nach dem Backen den Tortenboden aus der Form lösen, auf einen Kuchenrost stürzen, das Pergamentpapier abziehen, den Tortenboden erkalten lassen, zweimal durchschneiden, die Tortenböden mit
8 Eßl. Erdbeer-Likör	beträufeln
	für die Füllung
1 Päckchen und 2 gehäufte Teel. Gelatine gemahlen, weiß	mit
5 Eßl. kaltem Wasser	anrühren, 10 Minuten zum Quellen stehenlassen, unter Rühren erwärmen, bis sie gelöst ist
500 ml (½ l) Erdbeer-Püree (von 500 g Erdbeeren)	mit
1-2 Eßl. Zitronensaft	
100 g Zucker	verrühren die heiße Gelatine unterrühren, das Püree kalt stellen, sobald die Masse beginnt dicklich zu werden,
600 ml Schlagsahne	steifschlagen, unterheben gut die Hälfte der Erdbeersahne auf die 3 Tortenböden streichen, zu einer Torte zusammensetzen die restliche Erdbeer-Sahne in einen Spritzbeutel mit Sterntülle füllen, die Torte damit verzieren, mit
gewaschenen, halbierten Erdbeeren	garnieren.

Torte Emden

(Abb. rechts)

	Für den Teig
2 Eier	
2-3 Eßl. heißes Wasser	mit einem elektrischen Handrührgerät mit Rührbesen auf höchster Stufe in 1 Minute schaumig schlagen
100 g Zucker	
1 Päckchen Vanillin-Zucker	mischen, in 1 Minute einstreuen, dann noch etwa 2 Minuten schlagen
75 g Weizenmehl	mit
50 g Speisestärke	
1 gestrichenen Teel. Backpulver	mischen, die Hälfte davon auf die Eiercreme sieben, kurz auf niedrigster Stufe unterrühren den Rest des Mehl-Speisestärke-Gemisches auf dieselbe Weise unterarbeiten die Hälfte des Teiges in eine gefettete, mit Pergamentpapier ausgelegte Springform (Durchmesser

	etwa 28 cm) füllen, glattstreichen die Form auf dem Rost in den vorgeheizten Backofen schieben
Strom:	175-200
Gas:	3-4
Backzeit:	Etwa 15 Minuten unter den restlichen Teig
20 g gesiebten Kakao	rühren, den Teig in eine zweite gefettete, mit Pergamentpapier ausgelegte Springform (Durchmesser etwa 28 cm) füllen, glattstreichen ebenso backen wie den hellen Tortenboden, die beiden Tortenböden sofort nach dem Backen aus der Form lösen, das Papier abziehen, die Tortenböden erkalten lassen
750 ml (¾ l) Schlagsahne	½ Minute schlagen
3 Päckchen Sahnesteif	einstreuen, die Sahne steifschlagen unter gut ⅓ der Schlagsahne
3 Eßl. Preiselbeeren (aus dem Glas)	
1-2 Eßl. Zitronensaft	rühren, die Preiselbeer-Sahne auf den dunklen Tortenboden streichen den hellen Tortenboden darauflegen, leicht andrücken
100 g zartbittere Schokolade	in Stücke brechen, in einem kleinen Topf im heißen Wasserbad geschmeidig rühren, etwas abkühlen lassen, unter die restliche Sahne rühren die Torte mit der Hälfte der Schokoladen-Sahne ganz bestreichen die restliche Schokoladen-Sahne in einen Spritzbeutel mit Sterntülle füllen, die Tortenoberfläche damit verzieren, mit
Preiselbeeren	garnieren.

Walnuß-Torte

(Abb. unten)

Für den Teig

den Boden einer Springform (Durchmesser etwa 28 cm) ausfetten, mit Pergamentpapier auslegen

7 Eier
4 Eßl. heißes Wasser mit einem elektrischen Handrührgerät mit Rührbesen auf höchster Stufe in 1 Minute schaumig schlagen

150 g Zucker mit
Salz
gemahlenem Zimt
abgeriebener Schale von 1 Zitrone (unbehandelt) mischen, in 1 Minute einstreuen, dann noch etwa 2 Minuten schlagen

300 g gemahlene Walnußkerne mit
75 g Grieß vermengen, die Hälfte davon auf die Eiercreme geben, kurz auf niedrigster Stufe unterrühren

den Rest des Nuß-Gemisches auf dieselbe Weise unterarbeiten

den Teig in die vorbereitete Springform füllen, glattstreichen

die Form auf dem Rost in den vorgeheizten Backofen schieben

Strom: 175-200
Gas: 3-4
Backzeit: 30-35 Minuten

sofort nach dem Backen den Tortenboden aus der Form lösen, auf einen Kuchenrost stürzen, das Papier abziehen, den Boden erkalten lassen, zweimal durchschneiden

für die Füllung

1 Päckchen und 1 gehäuften Teel. Gelatine gemahlen, weiß mit
5 Eßl. kaltem Wasser anrühren, 10 Minuten zum Quellen stehenlassen

375 ml (3/8 l) Milch mit
Salz
Mark von 1 Vanillestange und der Stange zum Kochen bringen

5 Eigelb mit
100 g Zucker cremig schlagen

die Vanillestange aus der heißen Milch nehmen, die Milch unter ständigem Rühren zu der Eigelbmasse geben

die gequollene Gelatine unter Rühren erwärmen, bis sie gelöst ist, unter die Eigelbmilch rühren

125 ml (1/8 l) Mokka-Likör unterrühren

die Masse in den Kühlschrank stellen, bis sie beginnt dicklich zu werden, dann

500 ml (1/2 l) Schlagsahne sehr steifschlagen, (3 Eßl. zurücklassen) unter die restliche Creme heben

den unteren Tortenboden auf eine Tortenplatte legen, den Springformring darumstellen

den Tortenboden mit gut 1/3 der

Creme bestreichen, mit der Hälfte von

75 g grobgehackten Walnußkernen – bestreuen, mit dem zweiten Boden bedecken, etwas andrücken, mit der Hälfte der restlichen Creme bestreichen, mit den restlichen Walnußkernen bestreuen, den oberen Boden auflegen, die restliche Creme daraufstreichen

die Torte mit

etwa 50 Walnußkernhälften
etwa 50 g Borkenschokolade – garnieren

die Torte mindestens 1 Stunde in den Kühlschrank stellen, Springformrand entfernen

den Tortenrand mit der zurückgelassenen Sahne (3 Eßl.) bestreichen.

Birnen-Sahnetorte

(Abb. rechts oben)

Für den Teig

150 g Weizenmehl – sieben, mit
100 g Kokosraspeln – mischen, auf die Tischplatte geben, in die Mitte eine Vertiefung eindrücken

75 g Zucker
1 Päckchen Vanillin-Zucker
abgeriebene Schale von 1 Zitrone (unbehandelt)
1 Ei – hineingeben, mit einem Teil des Mehls zu einem dicken Brei verarbeiten

125 g kalte Butter oder Margarine – in Stücke schneiden, auf den Brei geben, mit Mehl bedecken, von der Mitte aus alle Zutaten schnell zu einem glatten Teig verkneten, ihn etwa 30 Minuten kalt stellen

gut 2/3 des Teiges auf dem Boden einer gefetteten Springform (Durchmesser etwa 28 cm) ausrollen

den Springformring darumlegen

den Rest des Teiges zu einer Rolle formen, als Rand auf den Tortenboden legen, so an die Form drücken, daß ein etwa 3 cm hoher Rand entsteht

den Teigboden mehrmals mit einer Gabel einstechen

die Form auf dem Rost in den vorgeheizten Backofen schieben

Strom: 200-225
Gas: Etwa 4
Backzeit: 20-25 Minuten

sofort nach dem Backen den Springformrand vorsichtig lösen, den Tortenboden erkalten lassen

für den Belag

1 kg Birnen (z. B. Williams-Christbirne) – schälen, halbieren, entkernen
375 ml (3/8 l) Weißwein – mit
50 g Zucker
1 Zimtstange – zum Kochen bringen, die Birnenhälften hineingeben, zum Kochen bringen, etwa 6 Minuten dünsten, abtropfen, erkalten lassen

für die Creme

1 Päckchen Gelatine gemahlen, weiß – mit
3 Eßl. kaltem Wasser – anrühren, 10 Minuten zum Quellen stehenlassen

2 Eigelb
25 g Zucker
125 ml (1/8 l) Milch – erhitzen, nach und nach unter die Eigelbcreme rühren

die Masse im heißen Wasserbad so lange schlagen, bis eine dickliche Creme entstanden ist

die gequollene Gelatine unter Rühren in der Creme auflösen, nach und nach

250 ml (1/4 l) Birnen-Kochflüssigkeit – unterschlagen

die Creme im kalten Wasserbad abkühlen lassen

sobald die Creme beginnt dicklich zu werden,

250 ml (1/4 l) Schlagsahne – steifschlagen, unterheben

etwa die Hälfte der Sahnecreme auf dem Tortenboden verteilen

die Birnenhälften dicht nebeneinander darauf anordnen

die restliche Sahne-Creme in einen Spritzbeutel mit Sterntülle füllen

die Torte damit verzieren

2 Eßl. Johannisbeer-Gelee – unter Rühren erhitzen, etwas abkühlen lassen, die Birnenhälften damit bestreichen.

Feine Buchweizen-Torte

(Abb. rechts)

Für den Teig

6 Eier
2 Eßl. heißes Wasser
mit einem elektrischen Handrührgerät mit Rührbesen auf höchster Stufe in 1 Minute schaumig schlagen

125 g Zucker
abgeriebene Schale von 1 Zitrone (unbehandelt)
mischen, in 1 Minute einstreuen
dann noch etwa 2 Minuten schlagen
die Hälfte von

175 g Buchweizenmehl
auf die Eiercreme sieben, kurz auf niedrigster Stufe unterrühren
den Rest des Mehls auf dieselbe Weise unterarbeiten
den Teig in eine gefettete, mit Pergamentpapier ausgelegte Springform (Durchmesser etwa 28 cm) füllen

Strom: 175-200
Gas: 3-4
Backzeit: 30-35 Minuten
sofort nach dem Backen den Tortenboden aus der Form lösen, auf einen Kuchenrost stürzen, das Papier abziehen
den Boden erkalten lassen, zweimal waagerecht durchschneiden

für die Füllung

375 g Brombeeren
vorsichtig waschen, evtl. entstielen, abtropfen lassen, pürieren, durch ein Sieb streichen

1 Päckchen Gelatine gemahlen, weiß
mit
Wasser
in einem kleinen Topf anrühren, 10 Minuten zum Quellen stehenlassen, unter Rühren erwärmen, bis sie gelöst ist

100 g Zucker
1 Päckchen Vanillin-Zucker
2 Eßl. Zitronensaft
unter die Brombeeren rühren, die Gelatine hinzufügen, gut verrühren
wenn die Masse beginnt dicklich zu werden,

500 ml (½ l) Schlagsahne
steifschlagen, unterheben
den unteren Tortenboden mit 2-3 Eßl. von

225 g Himbeer- oder Brombeer-Gelee
bestreichen, die Hälfte der Brombeer-Sahne daraufgeben, glattstreichen, mit dem mittleren Boden bedecken, die restliche Brombeer-Sahne daraufstreichen, den oberen Tortenboden darauflegen, etwas andrücken

375 g Brombeeren
waschen, evtl. entstielen, abtropfen lassen, die Tortenmitte damit belegen
das restliche Gelee unter Rühren erhitzen, bis es gelöst ist, etwas abkühlen lassen, die Brombeeren damit bestreichen

zum Verzieren

250 ml (¼ l) Schlagsahne
½ Minute schlagen

1 Päckchen Sahnesteif
1 Teel. Zucker
einstreuen, die Sahne steifschlagen
die Sahne in einen Spritzbeutel mit Sterntülle füllen, den unbelegten Rand der Tortenoberfläche damit verzieren
die Torte gut gekühlt servieren.

Schokoladen-Himbeer-Sahnetorte

Für den Teig

150 g zartbittere Schokolade
in kleine Stücke brechen, in einem kleinen Topf im heißen Wasserbad geschmeidig rühren, in eine Schüssel geben, nach und nach

5 Eigelb
50 g Zucker
unterrühren, die Masse leicht cremig schlagen

1 Eßl. Weizenmehl
mit
1 Messerspitze Backpulver
mischen, auf die Schokoladenmasse sieben, unterrühren

5 Eiweiß
steifschlagen, unterheben
den Teig in eine gefettete, mit Pergamentpapier ausgelegte Springform (Durchmesser etwa 28 cm) füllen, glattstreichen
die Form auf dem Rost in den vorgeheizten Backofen schieben

Strom: Etwa 150
Gas: 1-2
Backzeit: Etwa 45 Minuten
den gebackenen Tortenboden erkalten lassen

375 ml (⅜ l) Schlagsahne
½ Minute schlagen

2 Päckchen Sahnesteif
1 Eßl. Zucker
1 Päckchen Vanillin-Zucker
einstreuen, die Sahne steifschlagen
⅓ der Sahne in einen Spritzbeutel mit Sterntülle geben, unter die restliche Sahne

250 g verlesene Himbeeren
heben
die Himbeersahne auf den Tortenboden streichen, mit der Sahne aus dem Spritzbeutel verzieren, mit

geraspelter Schokolade oder Schokoblättchen
Himbeeren
garnieren.

Kiwi-Biskuit-Torte

(Abb. unten)

Für den Teig

5 Eigelb mit
200 g Honig cremig rühren
5 Eiweiß steifschlagen
200 g sehr fein gemahlenen Weizen oder feingemahlenen Buchweizen mit
½ Teel. Backpulver mischen, sieben, mit der Eigelbcreme auf den Eierschnee geben, vorsichtig unterziehen (nicht rühren)
1 Eßl. zerlassene Butter unterziehen
den Teig in eine gut gefettete, mit Pergamentpapier ausgelegte Springform (Durchmesser etwa 26 cm) füllen
glattstreichen
die Form auf dem Rost in den vorgeheizten Backofen schieben

Strom: Etwa 175
Gas: Etwa 3
Backzeit: 20-30 Minuten

den Tortenboden sofort nach dem Backen aus der Form lösen
das Pergamentpapier abziehen, den Boden erkalten lassen, zweimal durchschneiden

für die Füllung

750 ml (¾ l) Schlagsahne ½ Minute schlagen
3 Päckchen Sahnesteif
1 Päckchen Vanillin-Zucker
2 Teel. Zucker einstreuen, die Sahne steifschlagen
2-3 Kiwis schälen, in 3 mm dicke Scheiben schneiden
den unteren Tortenboden mit 4 Eßl. von der Sahne bestreichen, dicht mit Kiwischeiben belegen, mit etwas Schlagsahne bestreichen, mit dem zweiten Tortenboden bedecken etwas andrücken, 4. Eßl. von der Sahne daraufstreichen, mit Kiwischeiben belegen, mit dem dritten Tortenboden bedecken, etwas andrücken
von der restlichen Sahne etwas zum Verzieren in einen Spritzbeutel mit Sterntülle füllen, mit der übrigen Sahne die Torte ganz einstreichen, auf der Tortenoberfläche etwas anhäufen
die Torte mit der Sahne aus dem Spritzbeutel verzieren, mit
Kiwischeiben
gehackten Pistazienkernen garnieren.

Tip: Die Torte einige Stunden kühl stellen.

Birnen-Brombeer-Torte

(Abb. rechts)

Für den Teig

60 g Butter oder Margarine	zerlassen, etwas abkühlen lassen
5 Eier **4-5 Eßl. heißes Wasser**	mit einem elektrischen Handrührgerät mit Rührbesen auf höchster Stufe in 1 Minute schaumig schlagen
120 g Zucker **Salz** **abgeriebene Schale von 1 Zitrone (unbehandelt)**	mischen, in 1 Minute einstreuen, dann noch etwa 2 Minuten schlagen
80 g Weizenmehl	mit
60 g Speisestärke	mischen, die Hälfte davon auf die Eiercreme sieben, kurz auf niedrigster Stufe unterrühren den Rest des Mehl-Gemisches auf die gleiche Weise unterarbeiten von dem lauwarmen Fett den Schaum (Molke) abnehmen das Fett unter den Teig ziehen den Teig in eine Springform (Durchmesser etwa 28 cm, Boden gefettet, mit Pergamentpapier ausgelegt) füllen, glattstreichen die Form auf dem Rost in den vorgeheizten Backofen schieben
Strom:	175-200
Gas:	3-4
Backzeit:	25-30 Minuten sofort nach dem Backen den Tortenboden aus der Form lösen, auf einen Kuchenrost stürzen, das Pergamentpapier abziehen, den Tortenboden erkalten lassen, einmal durchschneiden

für die Füllung

2 kg reife, nicht zu große Birnen	schälen, das Stielende gerade schneiden die Birnen mit
2 Eßl. Zitronensaft	beträufeln, vierteln, entkernen das Mark von
1 Vanillestange	mit
gut 500 ml (½ l) Weißwein **75 g Zucker**	verrühren, die Vanillestange hinzufügen, zum Kochen bringen, nacheinander jeweils die Hälfte der Birnenviertel hineingeben, zum Kochen bringen, weichdünsten, im Saft erkalten lassen, den unteren Tortenboden mit der Hälfte von
300 g Brombeer-Konfitüre	bestreichen von den Birnenvierteln die 14 schönsten beiseite legen, ½ von den restlichen Birnen dicht nebeneinander auf den bestrichenen Tortenboden legen

1 Päckchen Gelatine gemahlen, weiß	mit
3 Eßl. kaltem Wasser	anrühren, 10 Minuten zum Quellen stehenlassen, unter Rühren erwärmen, bis sie gelöst ist die restlichen Birnen mit
125 ml (⅛ l) Birnensaft	pürieren
4 Eßl. Birnengeist **2 Eßl. Zitronensaft**	unterrühren, die lauwarme Gelatine unterrühren sobald die Masse beginnt dicklich zu werden,
375 ml (⅜ l) Schlagsahne	steifschlagen, unterheben um den belegten Tortenboden den Springformring setzen, die Birnensahne auf den Birnenvierteln verteilen den zweiten Tortenboden darauflegen, etwas andrücken
125 ml (⅛ l) Birnensaft	mit
4 Eßl. Birnengeist	verrühren, den Biskuitboden damit beträufeln, die Torte etwa 1 Stunde kalt stellen
125 ml (⅛ l) Schlagsahne	steifschlagen, die Torte ganz damit bestreichen die 14 zurückgelassenen Birnenviertel gleichmäßig auf der Tortenoberfläche anordnen die Tortenmitte mit der restlichen Brombeer-Konfitüre ausfüllen.
Beigabe:	Sherry medium.

Pfirsich-Torte mit Nuß-Nougat-Guß

(Abb. unten)

Für den Teig

3 Eier
4 Eßl. heißes Wasser mit einem elektrischen Handrührgerät mit Rührbesen auf höchster Stufe in 1 Minute schaumig schlagen

150 g Zucker
1 Päckchen Vanillin-Zucker in 1 Minute einstreuen, dann noch etwa 2 Minuten schlagen

100 g Weizenmehl mit
100 g Speisestärke
3 gestrichenen Teel. Backpulver mischen, die Hälfte davon auf die Eiermasse sieben, kurz auf niedrigster Stufe unterrühren, den Rest des Mehl-Gemisches auf die gleiche Weise unterarbeiten
den Teig in eine Springform (Durchmesser etwa 28 cm, Boden gefettet, mit Pergamentpapier belegt) füllen
die Form auf dem Rost in den vorgeheizten Backofen schieben

Strom: 175–200
Gas: 3–4
Backzeit: 30–35 Minuten
den gebackenen Boden sofort aus der Form lösen, das Pergamentpapier abziehen, den Boden erkalten lassen

1 Päckchen Gelatine gemahlen, weiß mit
3 Eßl. kaltem Wasser anrühren, 10 Minuten zum Quellen stehenlassen

8 Pfirsiche kurze Zeit in kochendes Wasser legen (nicht kochen lassen), in kaltem Wasser abschrecken, enthäuten
5 Pfirsiche mit Alufolie bedeckt beiseite stellen
die übrigen 3 Pfirsiche halbieren, entsteinen, kleinschneiden, das Fruchtfleisch pürieren
das Pfirsichpüree mit

2 Eßl. Zitronensaft
4 Eßl. Marillen-Likör
2 Päckchen Vanillin-Zucker verrühren
die gequollene Gelatine unter Rühren erwärmen, bis sie gelöst ist, unter das Pfirsich-Püree rühren, sobald die Fruchtmasse beginnt dicklich zu werden,

500 ml (½ l) Schlagsahne steifschlagen, unterrühren
den Tortenboden einmal waagerecht durchschneiden, einen Tortenring darum stellen, die zurückgelassenen 5 Pfirsiche halbieren, entsteinen, den unteren Tortenboden damit belegen, die Pfirsichsahne darauf verteilen, glattstreichen, mit dem oberen Tortenboden bedecken, etwas andrücken
die Torte etwa 2 Stunden kühl stellen
die ganze Torte mit

3–4 Eßl. Zitronen-Marmelade bestreichen

400 g Marzipan-Rohmasse mit
200 g gesiebtem Puderzucker verkneten, auf
gesiebtem Puderzucker ausrollen, einen Kreis von etwa 28 cm Durchmesser und einen Streifen in Höhe der Torte ausschneiden
die Marzipanplatte auf die Torte legen, den Marzipanstreifen um die Torte herum geben, etwas andrücken

für den Guß

200 g Nuß-Nougat-Masse in einem kleinen Topf im heißen Wasserbad geschmeidig rühren, über die Torte gießen, die Torte wieder gut durchkühlen lassen.

Erdbeer-Sahnetorte

(Abb. rechts oben)

Für den Teig

2 Eiweiß mit einem elektrischen Handrührgerät mit Rührbesen auf höchster Stufe in 1 Minute schaumig schlagen, nach und nach

2 gehäufte Eßl. Zucker
Salz unterschlagen

2 Eigelb verschlagen, unter die Eiweißmasse ziehen

2 gehäufte Eßl. Weizenmehl	daraufsieben, mit
2 gehäuften Eßl. abgezogenen, gemahlenen Mandeln	unterheben den Teig in eine gefettete, mit Pergamentpapier ausgelegte Springform (Durchmesser etwa 28 cm) füllen, glattstreichen die Form auf dem Rost in den vorgeheizten Backofen schieben
Strom:	175-200
Gas:	3-4
Backzeit:	Etwa 14 Minuten den gebackenen Tortenboden sofort aus der Form lösen, auf einen Kuchenrost stürzen, das Pergamentpapier abziehen, den Boden erkalten lassen
	für den Belag
1 Päckchen Gelatine gemahlen, weiß	mit
3 Eßl. kaltem Wasser	in einem kleinen Topf anrühren, 10 Minuten zum Quellen stehenlassen
300 g Erdbeeren	vorsichtig waschen, abtropfen lassen, entstielen, pürieren
75 g Zucker **1 Päckchen Vanillin-Zucker** **1 Eßl. Zitronensaft**	unterrühren die Gelatine unter Rühren erwärmen, bis sie gelöst ist, unter das Erdbeerpüree rühren wenn die Masse beginnt dicklich zu werden,
375 ml (3/8 l) Schlagsahne	steifschlagen, unterheben den erkalteten Tortenboden auf eine Tortenplatte legen, den mit Papier ausgelegten Springformrand darumstellen, die Erdbeersahne auf den Tortenboden geben, glattstreichen, kalt stellen
700 g Erdbeeren	waschen, abtropfen lassen, entstielen, halbieren, mit
Zucker	bestreuen, einige Zeit durchziehen lassen, auf ein Sieb geben, den Saft auffangen die Erdbeeren schuppenförmig auf

der Erdbeersahne anrichten
den Erdbeersaft mit Wasser auf 250 ml (¼ l) Flüssigkeit auffüllen
aus

1 Päckchen Tortenguß, rot
2 gestrichenen Eßl. Zucker
250 ml (¼ l) Erdbeer-Flüssigkeit nach der Vorschrift auf dem Päckchen einen Tortenguß zubereiten
die Erdbeeren mit dem Guß bestreichen

250 ml (¼ l) Schlagsahne ½ Minute schlagen
1 Päckchen Sahnesteif
1 Päckchen Vanillin-Zucker einstreuen, die Sahne steifschlagen, in einen Spritzbeutel mit gezackter Tülle füllen und den Tortenrand ringsherum mit senkrechten Linien bespritzen.

Schwarze Johannisbeer-Torte

(Abb. unten)

Für den Teig

5 Eier
3-4 Eßl. heißes Wasser mit einem elektrischen Handrührgerät mit Rührbesen auf höchster Stufe in 1 Minute schaumig schlagen
100 g Zucker mit
Salz
gemahlenem Zimt
1 Teel. abgeriebener Zitronenschale in 1 Minute einstreuen, dann noch etwa 2 Minuten schlagen
50 g Weizenmehl mit
50 g Speisestärke
25 g Kakao mischen, die Hälfte davon auf die Eiercreme sieben, kurz auf niedrigster Stufe unterrühren
den Rest des Mehl-Gemisches auf dieselbe Weise unterarbeiten

100 g halbbittere Kuvertüre in einem kleinen Topf im heißen Wasserbad geschmeidig rühren, unter den Teig ziehen
den Teig in eine Springform (Durchmesser etwa 28 cm, Boden gefettet, mit Pergamentpapier ausgelegt) füllen, glattstreichen
die Form auf dem Rost in den vorgeheizten Backofen schieben

Strom: Etwa 175
Gas: 2-3
Backzeit: 30-35 Minuten

sofort nach dem Backen den Tortenboden aus der Form lösen, auf einen Kuchenrost stürzen
das Pergamentpapier abziehen
den Tortenboden erkalten lassen, einmal durchschneiden

für die Füllung

600 g schwarze Johannisbeeren waschen, abtropfen lassen, mit einer Gabel von den Stielen zupfen
⅔ der Johannisbeeren mit
100 g Zucker zum Kochen bringen, 2-3 Minuten kochen, erkalten lassen
1 Päckchen Gelatine gemahlen, weiß mit
3 Eßl. kaltem Wasser anrühren, 10 Minuten zum Quellen stehenlassen
die restlichen Johannisbeeren in das kalte Johannisbeer-Kompott geben, ⅔ der Früchte auf dem unteren Tortenboden verteilen
die gequollene Gelatine unter Rühren erwärmen, bis sie gelöst ist, unter das restliche Johannisbeer-Kompott rühren
die Hälfte von
125 ml (⅛ l) Cassis-Likör (schwarzer Johannisbeer-Likör) unterrühren, kalt stellen
sobald die Fruchtmasse beginnt dicklich zu werden,
500 ml (½ l) Schlagsahne steifschlagen, unterheben
die Johannisbeer-Sahne kuppelförmig auf den Tortenboden streichen, einige Zeit kalt stellen, mit dem oberen Tortenboden bedecken, etwas andrücken, mit dem restlichen Cassis-Likör bestreichen

125 ml (⅛ l) Schlagsahne steifschlagen, die Torte ganz damit bestreichen

150 g Vollmilch-Kuvertüre mit einem Sparschäler auf die Torte raspeln
die Schokoladen-Späne mit einem

breiten Messer an den Tortenrand drücken, die Torte etwa 2 Stunden in den Kühlschrank stellen.

Nektarinen-Torte

(Abb. unten)

Für den Teig

5 Eier mit
165 g Zucker
1 Päckchen Vanillin-Zucker
Salz
abgeriebener Schale von 1 Zitrone (unbehandelt) in einem Topf im heißen Wasserbad mit einem elektrischen Handrührgerät mit Rührbesen auf höchster Stufe etwa 7 Minuten schlagen, aus dem Wasserbad nehmen und weitere 7 Minuten schlagen

100 g Weizenmehl mit
100 g Speisestärke mischen, auf die Eigelbmasse sieben, unterziehen

60 g zerlassene Butter oder Margarine unterrühren
den Teig in eine Springform (Durchmesser etwa 28 cm, Boden gefettet, mit Pergamentpapier ausgelegt) füllen, glattstreichen
die Form auf dem Rost in den vorgeheizten Backofen schieben

Strom: 175-200
Gas: 2-3
Backzeit: 30-35 Minuten
sofort nach dem Backen den Tortenboden aus der Form lösen, auf einen Kuchenrost stürzen, erkalten lassen, zweimal durchschneiden

für den Belag

1 ¼ kg Nektarinen kurze Zeit in kochendes Wasser legen (nicht kochen lassen), enthäuten, halbieren, entsteinen

500 ml (½ l) Weißwein
125 ml (⅛ l) Wasser mit
125 g Zucker zum Kochen bringen, die Nektarinenhälften darin zum Kochen bringen, 3-4 Minuten ziehen, abtropfen lassen, den Saft auffangen

für die Füllung

500 ml (½ l) Nektarinensaft mit
2 Eßl. Zitronensaft verrühren, ⅓ davon abnehmen, mit

4 Eigelb
20 g Speisestärke verrühren, den übrigen Saft zum Kochen bringen, das angerührte Eigelb unter Rühren hinzufügen, aufkochen, erkalten lassen

1 Päckchen Gelatine gemahlen, weiß mit
3 Eßl. kaltem Wasser anrühren, 10 Minuten zum Quellen stehenlassen

gut ⅓ der Nektarinen in kleine Würfel schneiden, mit
3-4 Eßl. Aprikosen-Likör
500 ml (½ l) Schlagsahne steifschlagen

die gequollene Gelatine unter Rühren erwärmen, bis sie gelöst ist, mit Nektarinenwürfeln unter die erkaltete Fruchtcreme rühren, die steifgeschlagene Sahne unterheben

3-4 Eßl. Aprikosen-Likör mit
4 Eßl. Nektarinensaft verrühren, die 3 Tortenböden damit beträufeln

den Springformring innen mit Pergamentpapier auslegen, den untersten Biskuitboden in die Form legen, die Hälfte der Sahne-Fruchtcreme daraufstreichen, mit dem mittleren Boden bedecken, die restliche Sahne-Fruchtcreme darauf verteilen, den dritten Tortenboden mit der gebräunten Seite nach oben darauflegen, etwas andrücken

die Torte etwa 1 Stunde in den Kühlschrank stellen

die restlichen Nektarinen in Spalten schneiden

250 ml (¼ l) Schlagsahne steifschlagen

von der Torte den Springformring entfernen

die Torte ganz mit der Sahne bestreichen

die Nektarinenspalten fächerförmig dicht auf der Tortenoberfläche anordnen

100 g Aprikosen-Konfitüre durch ein Sieb streichen, unter Rühren erhitzen, die Nektarinenspalten dünn damit bestreichen.

Friesische Weihnachts-Torte

(Abb. rechts)

Für den Teig

250 g Weizenmehl mit
1 Messerspitze Backpulver mischen, auf die Tischplatte sieben, in die Mitte eine Vertiefung eindrücken
2 Päckchen Vanillin-Zucker
1 Becher (150 g) Crème fraîche
175 g in Stücke geschnittene kalte Butter hineingeben, mit Mehl bedecken, von der Mitte aus alle Zutaten schnell zu einem glatten Teig verkneten, sollte er zu weich sein, evtl. noch etwas Mehl unterkneten oder ihn eine Zeitlang kalt stellen

den Teig in 4 gleich große Stücke teilen

jeweils ein Teigstück auf dem gefetteten Boden einer Springform (Durchmesser etwa 28 cm) ausrollen (darauf achten, daß der Teigboden am Rand nicht zu dünn ist), mehrmals mit einer Gabel einstechen, den Springformring darumlegen, schließen

für die Streusel

150 g Weizenmehl in eine Schüssel sieben, mit
75 g Zucker mit
1 Päckchen Vanillin-Zucker
1 Messerspitze gemahlenem Zimt mischen
100 g kalte Butter in Flöckchen dazugeben

die Zutaten mit den Händen oder 2 Gabeln zu Streuseln vermengen, die Teigböden gleichmäßig damit bedekken

die Formen nacheinander auf dem Rost in den vorgeheizten Backofen schieben

Strom: 200-225
Gas: 3-4
Backzeit: Etwa 15 Minuten

die Böden sofort nach dem Backen vom Springformboden lösen und einen der Böden in 12 Tortenstücke schneiden

die Böden auf einem Kuchenrost erkalten lassen

für die Füllung

500 ml (½ l) Schlagsahne ½ Minute schlagen
25 g Zucker
2 Päckchen Sahnesteif
1 Päckchen Vanillin-Zucker einstreuen, die Sahne steifschlagen, in einen Spritzbeutel mit gezackter Tülle füllen

die 3 unzerteilten Böden zunächst mit jeweils ⅓ von
450 g Pflaumenmus bestreichen, die Schlagsahne darauf spritzen, mit dem geschnittenen Boden zu einer Torte zusammensetzen

die Torte mit
gesiebtem Puderzucker bestäuben, kalt stellen, vor dem Verzehr mit einem Sägemesser schneiden.

Schokoladen-Sahne-Bombe

(Abb. oben)

Für den Teig

100 g bittere Kuvertüre	mit
150 g Butter	in einem kleinen Topf im heißen Wasserbad geschmeidig rühren
3 Eier	
1 Eßl. heißes Wasser	mit einem elektrischen Handrührgerät mit Rührbesen auf höchster Stufe in 1 Minute schaumig schlagen
125 g Zucker	mit
Salz	
Mark von 1 Vanillestange	mischen, in 1 Minute einstreuen, dann noch etwa 2 Minuten schlagen
150 g Weizenmehl	mit
1 Teel. Backpulver	mischen, sieben, mit
100 g grobgehackten Walnußkernen	mischen, die Hälfte davon auf die Eiercreme geben, kurz auf niedrigster Stufe unterrühren den Rest des Mehl-Gemisches auf dieselbe Weise unterarbeiten die lauwarme Kuvertüre-Buttermischung vorsichtig unterziehen den Teig in eine Springform (Durchmesser etwa 26 cm, Boden gefettet, mit Pergamentpapier ausgelegt) füllen, glattstreichen die Form auf dem Rost in den vorgeheizten Backofen schieben
Strom:	Etwa 200
Gas:	3-4
Backzeit:	25-30 Minuten sofort nach dem Backen den Tortenboden aus der Form lösen, auf einen Kuchenrost stürzen, das Papier abziehen, den Boden erkalten lassen

für die Schokoladen-Sahne

300 g bittere Kuvertüre	in einem kleinen Topf im heißen Wasserbad geschmeidig rühren, etwas abkühlen lassen
5 Eigelb	mit
5 Eßl. kaltem Wasser	
1 Päckchen Vanillin-Zucker	
2 Eßl. Weinbrand	
Salz	mit einem elektrischen Handrührgerät mit Rührbesen in etwa 5 Minuten cremig schlagen, unter die lauwarme Kuvertüre rühren
375 ml (3/8 l) Schlagsahne	steifschlagen
5 Eiweiß	steifschlagen zuerst die Sahne, dann den Eierschnee unter die Kuvertürenmasse heben die Masse in eine Eisbombenform (1½ l Inhalt, Durchmesser etwa 26 cm) oder in eine entsprechend große Schüssel füllen, glattstreichen, über Nacht in den Kühlschrank stellen

für den Belag

300 g bittere Kuvertüre	im heißen Wasserbad geschmeidig rühren, mit einem breiten Messer auf ein Backblech streichen bevor die Kuvertüre ganz fest wird, sie mit einem Spachtel in Längsrichtung in dicke Späne und Rollen schaben den Tortenboden auf eine Tortenplatte legen die Form mit der Schokoladen-Sahne kurz in heißes Wasser tauchen, auf den Tortenboden stürzen
250 ml (1/4 l) Schlagsahne	steifschlagen
1 Eßl. gesiebten Kakao	mit
1 Eßl. gesiebtem Puderzucker	
1 Eßl. Weinbrand	verrühren, unter die Sahne ziehen die Tortenkuppel mit der Weinbrand-Sahne bestreichen Kuvertüre-Späne und -rollen auf der Torte verteilen die Torte dünn mit
gesiebtem Puderzucker	bestäuben.

Cointreau-Sahnetorte mit Aprikosen

(Abb. rechts)

Für den Teig

150 g weiche Butter	geschmeidig rühren, nach und nach
150 g Zucker	
1 Päckchen Vanillin-Zucker	

4 Eier	unterrühren
200 g gemahlene Haselnußkerne	mit
30 g gesiebtem Kakao	
2 gestrichenen Teel. Backpulver	mischen, eßlöffelweise unterrühren den Teig in eine Springform, (Durchmesser etwa 28 cm, Form gefettet, mit Pergamentpapier ausgelegt) füllen, glattstreichen die Form auf dem Rost in den vorgeheizten Backofen schieben
Strom:	175–200
Gas:	3–4
Backzeit:	15–20 Minuten sofort nach dem Backen den Tortenboden aus der Form lösen, auf einen Kuchenrost stürzen, das Papier abziehen, den Tortenboden erkalten lassen, einmal durchschneiden
	für die Füllung
500 g gedünstete Aprikosenhälften	abtropfen lassen, auf dem unteren Tortenboden verteilen, dabei einen etwa 2 cm breiten Rand freilassen
500 ml (½ l) Schlagsahne	½ Minute schlagen
2 Päckchen Sahnesteif	mit
2 gut gehäuften Teel. Zucker	mischen, einstreuen, die Sahne steifschlagen
5 Eßl. Cointreau	unterrühren knapp ¼ der Sahne in einen Spritzbeutel mit Lochtülle füllen gut die Hälfte der übrigen Sahne auf die Aprikosenhälften streichen, mit dem oberen Boden bedecken, etwas andrücken die Torte ganz mit der restlichen Sahne bestreichen, in 16 gleich große Stücke einteilen, auf jedes markierte Tortenstück einen Sahnering spritzen, mit der restlichen Sahne die Torte beliebig verzieren
2 Eßl. Aprikosen-Konfitüre	durch ein Sieb streichen, in jeden Sahnering etwas davon hineingeben.

Joghurt-Weincreme-Torte

(Abb. oben)

Für den Teig

4 Eier
7–8 Eßl. heißes Wasser mit einem elektrischen Handrührgerät mit Rührbesen auf höchster Stufe in 1 Minute schaumig schlagen

200 g Zucker
1 Päckchen Vanillin-Zucker mischen, in 1 Minute einstreuen, dann noch etwa 2 Minuten schlagen

150 g Weizenmehl mit
60 g Speisestärke
1 schwach gehäuften Teel. Backpulver mischen, die Hälfte davon auf die Eiercreme sieben, kurz auf niedrigster Stufe unterrühren den Rest des Mehl-Gemisches auf dieselbe Weise unterarbeiten ¾ des Teiges etwa 1 cm dick auf ein gefettetes, mit Pergamentpapier belegtes Backblech

streichen, an der offenen Seite des Blechs das Papier unmittelbar zur Falte knicken, so daß ein Rand entsteht
das Backblech in den vorgeheizten Backofen schieben, backen
den Rest des Teiges in eine Springform (Durchmesser etwa 28 cm, Boden gefettet, mit Pergamentpapier belegt) füllen, sofort backen

Strom: 200–225
Gas: 3–4
Backzeit für die Rolle: 10–15 Minuten
für den Boden: 15–20 Minuten

den Biskuit für die Rolle nach dem Backen sofort auf ein mit Zucker bestreutes Papier stürzen, das Pergamentpapier mit kaltem Wasser bestreichen, vorsichtig, aber schnell abziehen
den Biskuit sofort gleichmäßig mit

300 g Kirsch-Konfitüre bestreichen, von der längeren Seite her aufrollen, die erkaltete Rolle in 16 Stücke schneiden, in eine Springform (Boden mit Pergamentpapier belegt) legen

für die Füllung

1 Päckchen Gelatine gemahlen, weiß
3 Eßl. kaltem Wasser in einem kleinen Topf anrühren, 10 Minuten zum Quellen stehenlassen

25 g Speisestärke mit
200 ml (⅕ l) Weißwein in einem großen Topf verrühren
60 g Zucker
3 Eigelb
Saft von 1 Zitrone hinzufügen, unter ständigem Schlagen erhitzen, bis eine Kochblase aufsteigt
die gequollene Gelatine in der Weißweincreme lösen, die Masse erkalten lassen, ab und zu durchschlagen, sobald die Masse beginnt dicklich zu werden,

500 ml (½ l) Schlagsahne steifschlagen, mit
1 Becher (150 g) Vollmilch-Joghurt unterheben
die Masse gleichmäßig über die Biskuitrollenstücke streichen
das Pergamentpapier des Biskuitbodens abziehen, den Biskuitboden auf die Füllung legen, gut andrücken,
die Torte kalt stellen
die Torte vom Springformrand lösen, auf eine Tortenplatte stürzen, das Papier abziehen, den Springformrand wieder darumlegen

aus

1 Päckchen Tortenguß, klar
25 g Zucker
250 ml (¼ l) Weißwein nach der Vorschrift auf dem Päckchen einen Tortenguß zubereiten
den Guß lauwarm eßlöffelweise über die Torte geben
den Tortenrand mit
gehackten Pistazienkernen garnieren.

Meringuen-Torte mit Erdbeeren

(Abb. unten)

Für die Füllung

750 g Erdbeeren putzen, vorsichtig waschen, abtropfen lassen, 500 g Erdbeeren vierteln, mit
3–4 Eßl. Kirschwasser beträufeln, mit
1–2 Eßl. gesiebtem Puderzucker bestäuben, etwa 3 Stunden zugedeckt durchziehen lassen
die restlichen Erdbeeren beiseite stellen

für die Tortenböden

2 Backbleche mit Back-Trennpapier auslegen, mit Hilfe eines Springfromringes (Durchmesser etwa 22 cm) 3 Kreise auf das Back-Trennpapier zeichnen

4 Eiweiß mit
250 g Zucker
1 Eßl. Zitronensaft im heißen Wasserbad mit einem elektrischen Handrührgerät mit Rührbesen auf höchster Stufe zu

einem festen Schaum aufschlagen
jeweils ⅓ der Masse auf die markierten Kreise verteilen
die Backbleche übereinander in den vorgeheizten Backofen schieben

Strom: Etwa 100
Gas: Etwa 1
Backzeit: Etwa 3 Stunden
nach etwa 1½ Stunden die Backbleche austauschen
die Tortenböden vom Back-Trennpapier lösen, einen Boden auf einen Tortenteller legen, den Springformring (Durchmesser etwa 22 cm) darumstellen

500 ml (½ l) Schlagsahne steifschlagen, nach und nach
1 Päckchen Sahnesteif
2 Päckchen Vanillin-Zucker unterschlagen, die marinierten Erdbeeren unterheben
die Hälfte der Erdbeer-Sahne auf den unteren Boden streichen, mit dem zweiten Boden bedecken, etwas andrücken, die restliche Erdbeer-Sahne darauf verteilen,
den dritten Boden daraufsetzen
die Torte mindestens 5 Stunden in das Gefrierfach des Kühlschranks stellen
etwa 30 Minuten vor dem Servieren

125 ml (⅛ l) Schlagsahne steifschlagen
1 Päckchen Vanillin-Zucker unterschlagen, die Torte ganz mit der Sahne bestreichen, mit den restlichen Erdbeeren garnieren.

Mokka-Sahnetorte
(Abb. rechts)

Für den Knetteig

150 g Weizenmehl auf die Tischplatte sieben, in die Mitte eine Vertiefung eindrücken
2 schwach gehäufte Eßl. Zucker
1 Päckchen Vanillin-Zucker hineingeben
100 g kalte Butter in Stücke schneiden, auf den Zucker geben, mit Mehl bedecken, von der Mitte aus alle Zutaten schnell zu einem glatten Teig verkneten
den Teig auf dem umgedrehten Boden einer gefetteten Springform (Durchmesser etwa 28 cm) ausrollen, mehrmals mit einer Gabel einstechen
den Boden ohne Springformring auf dem Rost in den vorgeheizten Backofen schieben

Strom: 175–200
Gas: 3–4
Backzeit: 15–20 Minuten

sofort nach dem Backen den Tortenboden vom Springformboden lösen, erkalten lassen

für den Biskuitteig

2 Eier
2–3 Eßl. heißes Wasser mit einem elektrischen Handrührgerät mit Rührbesen auf höchster Stufe in 1 Minute schaumig schlagen
1 Päckchen Vanillin-Zucker mischen, in 1 Minute einstreuen, dann noch etwa 2 Minuten schlagen

75 g Weizenmehl
50 g Speisestärke
1 gestrichener Teel. Backpulver mischen, die Hälfte davon auf die Eiercreme sieben, kurz auf niedrigster Stufe unterrühren
den Rest des Mehl-Gemisches auf die gleiche Weise unterarbeiten
den Teig in eine Springform (Durchmesser etwa 28 cm, Form gefettet, mit Pergamentpapier ausgelegt) füllen, glattstreichen
die Form auf dem Rost in den vorge-

heizten Backofen schieben

Strom: 175-200

Gas: 3-4

Backzeit: 25-30 Minuten

sofort nach dem Backen den Tortenboden aus der Form lösen, auf einen Kuchenrost stürzen, das Papier abziehen, den Boden erkalten lassen, einmal durchschneiden

für die Füllung

etwa 250 g gedünstete Sauerkirschen abtropfen lassen, 200 ml (⅕ l) von dem Saft abmessen (evtl. mit Wasser ergänzen)

2 gehäufte Eßl. Speisestärke mit dem abgemessenen Saft anrühren, unter Rühren zum Kochen bringen, die Kirschen unterrühren, mit

Zucker abschmecken, kalt stellen

1 Tube löslichen Kaffee (für 2 Tassen) mit

2 Eßl. kochendem Wasser verrühren, abkühlen lassen

den Knetteigboden mit

2-3 Eßl. Kirsch-Konfitüre bestreichen

den unteren Biskuitboden auf den bestrichenen Knetteigboden legen, die Kirschen darauf verteilen

750 ml (¾ l) Schlagsahne ½ Minute schlagen

3 Päckchen Sahnesteif mit

2 Eßl. gesiebtem Puderzucker

1 Päckchen Vanillin-Zucker mischen, einstreuen, die Sahne steifschlagen, ⅓ davon abnehmen

unter die restliche Sahne den Kaffee heben, auf die Kirschen streichen, den oberen Biskuitboden darauflegen, etwas andrücken, die Torte ganz mit der Hälfte der zurückgelassenen Sahne bestreichen, die restliche Sahne in einen Spritzbeutel füllen

die Torte in 16 gleichgroße Stücke teilen, Sahnetuffs auf die Tortenoberfläche spritzen, mit

Mokkabohnen garnieren.

Rum-Flocken-Torte

(Abb. unten)

Für den Brandteig

250 ml (¼ l) Wasser mit
125 g Butter
Salz, Zucker am besten in einem Stieltopf zum Kochen bringen
125 g Weizenmehl sieben, auf einmal in die von der Kochstelle genommene Flüssigkeit schütten, zu einem glatten Kloß rühren
unter Rühren etwa 1 Minute erhitzen
den heißen Kloß sofort in eine Schüssel geben, nach und nach
5-6 Eier unterrühren, weitere Eizugabe erübrigt sich, wenn der Teig stark glänzt und so vom Löffel abreißt, daß lange Spitzen hängenbleiben
aus dem Teig 3 Böden backen
dazu jeweils ⅓ des erkalteten Teiges auf einen gefetteten, mit Mehl bestäubten Springformboden (Durchmesser etwa 28 cm) streichen (darauf achten, daß die Teiglage am Rand nicht zu dünn ist, damit der Boden nicht zu dunkel wird)
jeden Boden ohne Springformrand im vorgeheizten Backofen hellbraun backen

Strom: Etwa 225
Gas: 4-5
Backzeit: 15-20 Minuten
das Gebäck sofort nach dem Backen vom Springformboden lösen, den Boden umdrehen, weitere 3-5 Minuten bei gleicher Backtemperatur backen, auf einem Kuchenrost erkalten lassen

für den Knetteig

150 g Weizenmehl auf die Tischplatte sieben, in die Mitte eine Vertiefung eindrücken
50 g Zucker
Salz
1 Teel. abgeriebene Zitronenschale (unbehandelt)
1 kleines Ei hineingeben, mit einem Teil des Mehls zu einem dicken Brei verarbeiten
80 g kalte Butter in Stücke schneiden, auf den Brei geben, mit Mehl bedecken, von der Mitte aus alle Zutaten schnell zu einem glatten Teig verkneten, ihn etwa 15 Minuten kalt stellen
den Teig auf dem gefetteten Boden einer Springform (Durchmesser etwa 28 cm) ausrollen, den Springformrand darumlegen, mehrmals mit einer Gabel einstechen
die Form auf dem Rost in den vorgeheizten Backofen schieben

Strom:	Etwa 200
Gas:	3-4
Backzeit:	12-15 Minuten den gebackenen Boden erkalten lassen
	für die Kirschfüllung
etwa 370 g gedünstete Sauerkirschen	abtropfen lassen, den Saft auffangen, 250 ml (¼ l) davon abmessen (evtl. mit Wasser ergänzen)
30 g Speisestärke	mit 4 Eßl. von dem Saft anrühren den übrigen Saft mit
etwas gemahlenem Zimt	
1 Eßl. Zucker	zum Kochen bringen, von der Kochstelle nehmen, die angerührte Speisestärke unterrühren, einmal aufkochen lassen, die Kirschen unterrühren, erkalten lassen
	für die Rumcreme
2 Päckchen Gelatine gemahlen, weiß	mit
6 Eßl. kaltem Wasser	anrühren, 10 Minuten zum Quellen stehenlassen
7 Eigelb	mit
100 g Zucker	schaumig schlagen
375 ml (⅜ l) Milch	mit dem
Mark von 2 Vanillestangen	
Salz	
30 g Zucker	zum Kochen bringen, ⅔ der Flüssigkeit unter die Eigelbmasse schlagen, die Masse mit dem Schneebesen unter die restliche Milch schlagen, so lange schlagen, bis eine dickliche Creme entstanden ist, die gequollene Gelatine unter Rühren darin auflösen, wenn die Creme beginnt dicklich zu werden,
750 ml (¾ l) Schlagsahne	steifschlagen, mit
3-4 Eßl. Rum	unterheben den Knetteigboden auf eine Tortenplatte legen, den gesäuberten Ring der Springform darumlegen, Kirschfüllung daraufstreichen, einen Brandteigboden auf die Kirschen legen, etwas andrücken, die Hälfte der Rumcreme daraufstreichen, mit dem zweiten Brandteigboden bedecken, mit der restlichen Creme bestreichen, den dritten Boden darauflegen, etwas andrücken die Torte 4-5 Stunden kalt stellen
50-60 g abgezogene, gehobelte Mandeln	in einer Pfanne ohne Fett goldbraun rösten, gleichmäßig an den Tortenrand drücken, die Tortenoberfläche mit
gesiebtem Puderzucker	bestäuben.

Johannisbeer-Weincreme-Sahnetorte

(Abb. oben)

	Für den Knetteig
150 g Weizenmehl	auf die Tischplatte sieben, in die Mitte eine Vertiefung eindrücken
50 g Zucker	
Salz	
abgeriebene Schale von 1 Zitrone (unbehandelt)	
1 Eigelb	hineingeben, mit einem Teil des Mehls zu einem dicken Brei verarbeiten
100 g kalte Butter	in Stücke schneiden, auf den Brei geben, mit Mehl bedecken, von der Mitte aus alle Zutaten schnell zu einem glatten Teig verkneten, ihn etwa 30 Minuten kalt stellen den Teig auf dem Boden einer gefetteten Springform (Durchmesser etwa 28 cm) ausrollen mehrmals mit einer Gabel einstechen den Springformrand darumlegen die Form auf dem Rost in den vorgeheizten Backofen schieben
Strom:	Etwa 200
Gas:	3-4
Backzeit:	Etwa 15 Minuten den Knetteigboden sofort nach dem Backen vom Springformboden lösen, erkalten lassen
	für den Biskuitteig
6 Eier	
5-6 Eßl. heißes Wasser	mit einem elektrischen Handrührge-

rät mit Rührbesen auf höchster Stufe in 1 Minute schaumig schlagen

90 g Zucker
1 Päckchen Vanillin-Zucker
Salz mischen, in 1 Minute einstreuen, dann noch etwa 2 Minuten schlagen
120 g Weizenmahl mit
80 g Speisestärke mischen, die Hälfte davon auf die Eiercreme sieben
den Rest des Mehl-Gemisches auf dieselbe Weise unterarbeiten
den Teig auf ein gefettetes, mit Pergamentpapier oder Alufolie ausgelegtes Backblech füllen, glattstreichen
das Backblech in den vorgeheizten Backofen schieben

Strom: Etwa 200–225
Gas: Etwa 4
Backzeit: Etwa 10 Minuten

die Biskuitplatte sofort nach dem Backen auf ein entsprechend großes, mit
Zucker bestreutes Stück Pergamentpapier stürzen
etwas abkühlen lassen, mit
300 g Johannisbeer-Gelee bestreichen

für die Weincreme-Sahne

1 Päckchen Gelatine gemahlen, weiß mit
3 Eßl. kaltem Wasser anrühren, 10 Minuten zum Quellen stehenlassen
125 ml (⅛ l) Weißwein mit
1 Eßl. Zitronensaft
100 g Zucker zum Kochen bringen, von der Kochstelle nehmen, die gequollene Gelatine unter Rühren darin auflösen
2 Eigelb unterschlagen,
im kalten Wasserbad abkühlen lassen
sobald die Creme beginnt dicklich zu werden,
500 ml (½ l) Schlagsahne steifschlagen, unterheben
die Weincreme-Sahne gleichmäßig auf die Biskuitplatte streichen
die Platte in etwa 4 cm breite Streifen schneiden
den Knetteigboden mit
100 g Johannisbeer-Gelee bestreichen
den ersten Streifen des Biskuits zu einer Schnecke aufrollen, in die Mitte des Knetteigbodens setzen, die anderen Biskuitteig-Streifen als Spirale auf den Tortenboden setzen, bis alle Streifen verbraucht sind, den Springformring um die Torte stellen, die Torte etwa 1 Stunde kalt stellen

für den Belag

500 g Johannisbeertrauben waschen, abtropfen lassen, von den Stielen streifen, auf der Tortenoberfläche verteilen
300 g Johannisbeer-Gelee unter Rühren erhitzen, auf die Johannisbeeren geben, mit einem Pinsel verteilen, die Torte nochmals etwa 10 Minuten kalt stellen
125 ml (⅛ l) Schlagsahne steifschlagen, den Tortenring von der Torte abnehmen, den Tortenrand mit der Sahne bestreichen.

Schneeflocken-Torte

(Abb. rechts)

Für den Teig

125 g weiche Butter geschmeidig rühren, nach und nach
125 g Zucker
1 Päckchen Vanillin-Zucker
4 Eigelb
Salz unterrühren
100 g Weizenmehl mit
1 gestrichenen Teel. Backpulver mischen, sieben, mit
60 g hellbraun gerösteten Kokosraspeln unterrühren
4 Eiweiß steifschlagen, unterheben
den Teig in eine gefettete Springform (Durchmesser etwa 28 cm) füllen, glattstreichen
die Form auf dem Rost in den vorgeheizten Backofen schieben

Strom: Etwa 175
Gas: Etwa 3
Backzeit: Etwa 30 Minuten

den erkalteten Boden einmal durchschneiden

für die Füllung

den unteren Boden mit
3 Eßl. Himbeer- oder Sauerkirsch-Konfitüre bestreichen
500 ml (½ l) Schlagsahne ½ Minute schlagen
1 Päckchen Vanillin-Zucker
2 Päckchen Sahnesteif einstreuen, die Sahne steifschlagen, gut die Hälfte der Schlagsahne auf den unteren Tortenboden streichen, mit dem oberen Tortenboden bedecken
die Torte mit der restlichen Schlagsahne bestreichen, mit
40–50 g Kokosraspeln ganz einstreuen, kurz vor dem Servieren mit
gesiebtem Puderzucker bestäuben.

Preiselbeer-Eierlikör-Torte
(Abb. unten)

	Für den Teig
3 Eier	
2 Eßl. heißes Wasser	mit einem elektrischen Handrührgerät mit Rührbesen auf höchster Stufe in 1 Minute schaumig schlagen
100 g Zucker	in 1 Minute einstreuen, dann noch etwa 2 Minuten schlagen
100 g gemahlene Haselnußkerne	mit
100 g geriebener Blockschokolade	mischen, die Hälfte davon auf die Eiercreme geben, kurz auf niedrigster Stufe unterrühren den Rest des Nuß-Schokoladen-Gemisches auf die gleiche Weise unterarbeiten den Teig in eine gefettete, mit Pergamentpapier ausgelegte Springform (Durchmesser etwa 26 cm) geben die Form auf dem Rost in den vorgeheizten Backofen schieben
Strom:	175-200
Gas:	3-4
Backzeit:	25-30 Minuten sofort nach dem Backen den Boden aus der Form lösen, auf einen Kuchenrost stürzen, das Backpapier mit kaltem Wasser bestreichen, vorsichtig, aber schnell abziehen den Tortenboden erkalten lassen
	für den Belag den Tortenboden mit
225 g Preiselbeeren (aus dem Glas)	bestreichen
375 ml (3/8 l) Schlagsahne	½ Minute schlagen
½ Päckchen Sahnesteif **2 Teel. Zucker** **etwas Vanillin-Zucker**	einstreuen, die Sahne steifschlagen 2/3 der Schlagsahne auf die Preiselbeeren streichen, die restliche Sahne in einen Spritzbeutel mit glatter Tülle füllen, Tortenrand und -oberfläche damit verzieren die Tortenmitte mit
4-5 Eßl. Eierlikör	ausfüllen nach Belieben noch Eierlikör dazureichen.

Aprikosen-Torte
(Abb. rechts)

	Für den Teig
250 g Weizenmehl	auf eine Tischplatte sieben, in die Mitte eine Vertiefung eindrücken
200 g kalte Butter	in Stücke schneiden, mit

Salz **100 ml kaltem Wasser**	in die Vertiefung geben, mit Mehl bedecken, von der Mitte aus alle Zutaten grob verkneten (Butterstücke sollen noch sichtbar sein) den Teig auf der mit
Weizenmehl	bestäubten Tischplatte zu einem Rechteck von etwa 32 × 22 cm ausrollen ⅓ des Teigstückes von der Seite her zur Mitte einschlagen die anderen ⅔ Teig darüberklappen, etwas andrücken, den Vorgang wiederholen, so daß das Teigstück aus 6 Teiglagen besteht, den Teig etwa 30 Minuten kalt stellen
	für die Creme
50 g Speisestärke	mit 5 Eßl. von
375 ml (⅜ l) Weißwein	anrühren, den restlichen Wein mit
100 g Zucker **Saft von 2 Zitronen** **abgeriebener Schale von 1 Zitrone (unbehandelt)**	zum Kochen bringen, mit der angerührten Speisestärke binden, von der Kochstelle nehmen
2 Eigelb	unterrühren, die Creme unter Rühren erkalten lassen
1 kg reife Aprikosen	kurze Zeit in kochendes Wasser legen (nicht kochen lassen), in kaltem Wasser abschrecken, enthäuten, halbieren, entsteinen, etwa ⅔ beiseite stellen, ⅓ der Früchte würfeln, mit
4 Eßl. Aprikosen-Likör	verrühren, den Teig in 2 gleichgroße Stücke schneiden jedes Teigstück ausrollen, in der Größe eines Springformbodens (Durchmesser etwa 28 cm) ausschneiden die Teigböden auf mit kaltem Wasser abgespülte Backbleche legen, mehrmals mit einer Gabel einstechen, etwa 10 Minuten stehenlassen, nacheinander im vorgeheizten Backofen backen
Strom:	Etwa 200
Gas:	3-4
Backzeit:	Etwa 15 Minuten sofort nach dem Backen die Tortenböden vorsichtig vom Backblech lösen, erkalten lassen
8 Eßl. Aprikosen-Konfitüre	mit
4 Eßl. Wasser	unter Rühren zum Kochen bringen, 5-8 Minuten kochen lassen 2 Tortenböden von beiden Seiten, den dritten Tortenboden nur von einer Seite mit der heißen Konfitüre bestreichen die erkaltete Creme glattrühren

125 ml (⅛ l) Schlagsahne	steifschlagen, mit den Aprikosenwürfeln unter die Creme ziehen einen Springformring (Durchmesser etwa 28 cm) auf eine Tortenplatte stellen, den nur einseitig bestrichenen Tortenboden mit der unbestrichenen Seite nach unten in den Springformring legen, die Hälfte der Creme darauf verteilen, mit einem zweiten Tortenboden bedecken, etwas andrücken mit der restlichen Creme bestreichen den dritten Tortenboden darauflegen, etwas andrücken
2 gestrichene Teel. Gelatine gemahlen, weiß	mit
2 Eßl. kaltem Wasser	anrühren, 10 Minuten zum Quellen stehenlassen
4 Eßl. Aprikosengeist	mit
4 Eßl. Aprikosen-Nektar **2 Eßl. Aprikosen-Konfitüre**	verrühren die gequollene Gelatine unter Rühren erwärmen, bis sie gelöst ist, unter die Aprikosenmischung rühren die Torte sehr dicht mit den Aprikosenhälften belegen, mit der Aprikosenmischung bestreichen die Torte etwa 15 Minuten kalt stellen
375 ml (⅜ l) Schlagsahne	steifschlagen den Springformring von der Torte entfernen den Tortenrand dick mit Sahne bestreichen, die restliche Sahne in einen Spritzbeutel füllen, um die Tortenoberfläche einen Ring spritzen
etwa 150 g dünne Schokoladentäfelchen	an den Tortenrand drücken.

Krokant-Torte mit Himbeeren

(Abb. oben)

Für den Krokant

100 g grob gehackte Haselnußkerne mit
100 g grob gehackten Walnußkernen vermengen
250 g gesiebten Puderzucker unter Rühren schmelzen lassen, so lange rühren, bis er goldbraun karamelisiert, die Nüsse unterheben
die Masse auf ein Backblech streichen
erstarren lassen, nicht zu fein zerstoßen

für den Teig

3 Stück Back-Trennpapier in der Größe eines Backbleches schneiden
auf jedem Bogen mit Hilfe des Springformringes einen Kreis (Durchmesser etwa 28 cm) markieren
4 Eier
1 Eßl. heißes Wasser mit einem elektrischen Handrührgerät mit Rührbesen auf höchster Stufe in 1 Minute schaumig schlagen
50 g Zucker mit dem
Mark von 1 Vanillestange mischen, in 1 Minute einstreuen, dann noch etwa 2 Minuten schlagen
100 g Semmelmehl mit
Salz und der Hälfte der Krokantmasse vermengen
die Hälfte davon auf die Eiercreme geben, kurz auf niedrigster Stufe unterrühren, den Rest des Semmelmehl-Krokant-Gemisches auf dieselbe Weise unterarbeiten
je ⅓ des Teiges auf die markierten Back-Trennpapier-Kreise streichen, nacheinander im vorgeheizten Backofen backen
Strom: Etwa 225
Gas: Etwa 4
Backzeit: 5-6 Minuten
sofort nach dem Backen die Böden auf einen Kuchenrost stürzen, das Back-Trennpapier abziehen, die Böden erkalten lassen

für die Füllung

1 Päckchen und 2 gehäufte Teel. Gelatine gemahlen, weiß mit
5 Eßl. kaltem

Wasser	anrühren, 10 Minuten zum Quellen stehenlassen
200 g rotes Johannisbeer-Gelee	unter Rühren zum Kochen bringen, in 5-6 Minuten etwas einkochen lassen, ⅓ der gequollenen Gelatine unter Rühren darin auflösen
4 Eigelb	mit
75 g gesiebtem Puderzucker	
Salz	im heißen Wasserbad dickcremig schlagen die restliche gequollene Gelatine unter Rühren erwärmen, bis sie gelöst ist, unter die Eigelbcreme rühren einen Tortenboden auf eine Tortenplatte legen, einen Springformring (Durchmesser etwa 28 cm) darumstellen, die Hälfte von
500 g verlesenen Himbeeren	darauf verteilen (einen etwa 1 cm breiten Tortenrand frei lassen) die Hälfte des etwas abgekühlten Johannisbeer-Gelees daraufstreichen
500 ml (½ l) Schlagsahne	steifschlagen, mit dem restlichen Krokant, der Eigelbcreme,
5-6 Eßl. Himbeergeist	vermengen, die Hälfte davon auf die Himbeeren geben, verstreichen, den mittleren Tortenboden darauflegen, etwas andrücken, mit den restlichen Himbeeren belegen, mit dem restlichen Johannisbeer-Gelee bestreichen, darauf die restliche Krokant-Sahne-Creme verteilen die Torte etwa 1 Stunde in den Kühlschrank stellen

für den Guß

25 g halbbittere Kuvertüre	in einem kleinen Topf im heißen Wasserbad geschmeidig rühren aus Pergamentpapier ein Tütchen mit einer 3-4 mm großen Öffnung an der Spitze formen
200 ml (⅕ l) Schlagsahne	steifschlagen, die Torte ganz damit bestreichen die heiße Kuvertüre in das Pergament-papier-Tütchen füllen und auf die Tortenoberfläche eine Spirale spritzen ein spitzes Holzstäbchen in gleichmäßigen Abständen achtmal von der Tortenmitte zum Rand durch die Sahne ziehen, diese Tortenachtel nochmals unterteilen, dazu das Hölzchen vom Tortenrand zur Mitte hin achtmal durch den Guß ziehen, so daß 16 Tortenstücke erkennbar sind die Torte nach Belieben mit
Himbeeren	garnieren.

Zwetschen-Kokos-Torte

(Abb. unten)

Für den Teig

4 Eier	
3 Eßl. heißes Wasser	mit einem elektrischen Handrührgerät mit Rührbesen auf höchster Stufe in 1 Minute schaumig schlagen
150 g Zucker	
1 Päckchen Vanillin-Zucker	mischen, in 1 Minute einstreuen, dann noch etwa 2 Minuten schlagen mit
100 g Weizenmehl	
100 g Speisestärke	
2 gestrichenen Teel. Backpulver	mischen, die Hälfte davon auf die Eiercreme sieben, kurz auf niedrigster Stufe unterrühren den Rest des Mehl-Gemisches auf dieselbe Weise unterarbeiten den Teig in eine Springform (Durchmesser etwa 28 cm, Boden gefettet, mit Pergamentpapier ausgelegt) füllen, glattstreichen die Form auf dem Rost in den vorgeheizten Backofen schieben
Strom:	175-200
Gas:	3-4
Backzeit:	Etwa 35 Minuten sofort nach dem Backen den Tortenboden aus der Form lösen, auf einen Kuchenrost stürzen, erkalten lassen, zweimal durchschneiden

für die Füllung

1 Päckchen Gelatine, gemahlen weiß	mit

3 Eßl. kaltem Wasser	anrühren
1 Päckchen Gelatine, gemahlen rot	mit
3 Eßl. kaltem Wasser	anrühren die angerührte Gelatine 10 Minuten zum Quellen stehenlassen
1½ kg Zwetschen	waschen, einzeln abtrocknen, entsteinen (8 Zwetschen zum Garnieren beiseite legen)
125 g Zucker	mit
125 ml (⅛ l) Wasser	zum Kochen bringen, die Zwetschen hineingeben, aufkochen lassen, abtropfen, erkalten lassen 300 g der erkalteten Pflaumen pürieren die gequollene rote Gelatine unter Rühren erwärmen, bis sie gelöst ist, in das Zwetschen-Püree rühren, kalt stellen
3 Eigelb	mit
1 Eßl. Zucker	
1 Päckchen Vanillin-Zucker	cremig schlagen
200 g Cream of Coconut (Kokoscreme aus der Dose)	mit einem Pürierstab verrühren, mit
75 g Kokosraspeln	(2 Eßl. zum Garnieren zurücklassen)
4 Eßl. Kokos-Likör	
abgeriebene Schale von ½ Zitrone (unbehandelt)	
2 Eßl. Zitronensaft	unterrühren die gequollene weiße Gelatine unter Rühren erwärmen, bis sie gelöst ist, unter die Kokoscreme rühren, kalt stellen sobald die Masse beginnt dicklich zu werden,
500 ml (½ l) Schlagsahne	steifschlagen, 6 Eßl. davon unter das Zwetschen-Püree, die restliche Sahne unter die Kokoscreme heben den unteren Tortenboden in die gesäuberte Springform legen aus Alufolie einen Streifen in der Länge des Springformringes und in doppelter Höhe des Springformringes schneiden, innen um den Springformrand legen, festkniffen, so daß die Form einen höheren Rand bekommt das Zwetschen-Püree auf den Tortenboden streichen, den mittleren Boden darauflegen, etwas andrücken, darauf die Zwetschen gleichmäßig verteilen, die Kokoscreme darübergeben (4 Eßl. zurückbehalten), mit dem oberen Tortenboden bedecken, zurückbehaltene Kokoscreme daraufstreichen die Torte etwa 6 Stunden kalt stellen
250 ml (¼ l) Schlagsahne	streifschlagen, nach und nach
1 Päckchen Sahnesteif	
1 Teel. Zucker	unterschlagen die Sahne in einen Spritzbeutel mit Sterntülle füllen Springformring und Alufolie vorsichtig von der Torte entfernen die Torte mit Sahne verzieren, mit den zurückgelassenen Pflaumen garnieren, mit den zurückbehaltenen Kokosraspeln bestreuen.
Beigabe:	Zwetschenwasser.

Kardinals-Torte

(Abb. rechts)

	Für den Teig
3 Eier	
2–3 Eßl. heißes Wasser	mit einem elektrischen Handrührgerät mit Rührbesen auf höchster Stufe in 1 Minute schaumig schlagen
125 g Zucker	in 1 Minute einstreuen, dann noch etwa 2 Minuten schlagen
75 g Weizenmehl	mit
1 Päckchen Pudding-Pulver Vanille-Geschmack	
1 gestrichenen Teel. Backpulver	mischen, die Hälfte davon auf die Eiercreme sieben, kurz auf niedrigster Stufe unterrühren den Rest des Mehl-Gemisches auf die gleiche Weise unterarbeiten den Teig in eine Springform (Durchmesser etwa 28 cm, Boden gefettet, mit Pergamentpapier ausgelegt) füllen, glattstreichen die Form auf dem Rost in den vorgeheizten Backofen schieben
Strom:	175–200
Gas:	3–4
Backzeit:	Etwa 30 Minuten sofort nach dem Backen den Tortenboden aus der Form lösen, auf einen Kuchenrost stürzen, das Papier abziehen, den Tortenboden erkalten lassen, einmal durchschneiden
	für die Füllung
250–300 g entsteinte, gedünstete Sauerkirschen	gut abtropfen lassen (einige zum Garnieren zurücklassen) mit
3 Eßl. Rum	beträufeln den unteren Tortenboden mit
2–3 Eßl. rotem Johannisbeergelee	bestreichen, den zweiten Boden darauf legen, die abgetropften

Rum-Kirschen darauf verteilen
aus

1 Päckchen Rotwein-Creme
250 ml (¼ l) Schlagsahne (statt ⅛ l)

nach der Vorschrift auf dem Päckchen eine Creme zubereiten
Rand und obere Seite der Torte gleichmäßig damit bestreichen

die Oberfläche der Torte mit

Schokoladenstreuseln oder Schokoladenblättchen

bestreuen

125 ml (⅛) Schlagsahne

steifschlagen, in einen Spritzbeutel mit gezackter Tülle füllen,
die Torte damit verzieren, mit den zurückgelassenen Kirschen garnieren, bis zum Servieren kühl stellen.

Kiwi-Torte mit Erdbeeren

(Abb. unten)

Für die Füllung

1 Päckchen Tortencremepulver Vanille-Geschmack mit
300 ml kalter Milch mit dem elektrischen Handrührgerät mit Rührbesen zunächst auf niedrigster Stufe verrühren, dann weitere 2 Minuten auf höchster Stufe rühren
Mark von 1 Vanillestange unterrühren
200 g weiche Butter geschmeidig rühren, die Creme unterrühren, im Kühlschrank gut durchkühlen lassen
12 Kiwis (je etwa 100 g) schälen, in Scheiben schneiden
etwa 200 g Erdbeeren waschen, abtropfen lassen, entstielen, einen von
3 Wiener Tortenböden (fertig gekauft) auf eine Tortenplatte setzen, mit der Hälfte von
100 g Erdbeer-Konfitüre bestreichen, darauf ¼ der Buttercreme geben, glattstreichen, die Scheiben von 4 Kiwis darauf verteilen, den zweiten Tortenboden daraufsetzen, mit der restlichen Konfitüre und ¼ der Buttercreme bestreichen, mit den Scheiben von 4 Kiwis belegen, mit dem dritten Tortenboden bedecken, etwas andrücken
die ganze Torte mit der restlichen Buttercreme bestreichen, mit den restlichen Kiwischeiben, den Erdbeeren garnieren

	den Tortenrand mit
geschälten, halbierten Kiwischeiben	garnieren, mit
abgezogenen, gehobelten, gebräunten Mandeln	bestreuen.

Weincreme-Torte mit Trauben

(Abb. rechts)

	Für den Teig
100 g Marzipan-Rohmasse	mit
100 g Zucker	
2-3 Eßl. Weinbrand	verrühren
Salz	
1 Teel. abgeriebene Zitronenschale (unbehandelt)	
4 Eigelb	hinzufügen, mit dem elektrischen Handrührgerät mit Rührbesen cremig rühren
4 Eiweiß	steifschlagen, auf die Eigelbcreme geben
100 g Weizenmehl	daraufsieben, Eierschnee und Mehl vorsichtig unter die Eigelb-Marzipan-Masse heben den Teig in eine Springform (Durchmesser etwa 28 cm, Boden gefettet) füllen, glattstreichen die Form auf dem Rost in den vorgeheizten Backofen schieben
Strom:	175-200
Gas:	2-3
Backzeit:	25-30 Minuten den gebackenen Tortenboden in der Form erkalten lassen, aus der Springform lösen, einmal durchschneiden
	für die Füllung
1 Päckchen und 1 gehäuften Teel. Gelatine gemahlen, weiß	mit
5 Eßl. kaltem Wasser	anrühren, 10 Minuten zum Quellen stehenlassen
1 kg grüne Weintrauben	waschen, trockentupfen, die Beeren von den Stielen zupfen
8 Eigelb	mit
120 g Zucker	
1 Eßl. Zitronensaft	
250 ml (¼ l) Weißwein	im heißen Wasserbad mit einem elektrischen Handrührgerät mit Rührbesen auf höchster Stufe cremig schlagen die gequollene Gelatine unter Rühren erwärmen, bis sie gelöst ist, unter die Eigelbcreme rühren die Creme im kalten Wasserbad abkühlen lassen den unteren Tortenboden mit
150 g Aprikosen-Konfitüre	bestreichen, dicht mit den Beeren belegen, den Springformring um den Tortenboden setzen sobald die Creme beginnt dicklich zu werden, 4-5 Eßl. davon abnehmen, die Lücken zwischen den Beeren damit ausstreichen, die Torte in den Kühlschrank stellen
250 ml (¼ l) Schlagsahne	steifschlagen, unter die restliche Weincreme heben die Creme auf den Belag des Tortenbodens geben, glattstreichen, mit dem oberen Tortenboden bedecken, etwas andrücken, die Torte über Nacht in den Kühlschrank stellen den Springformring entfernen die restlichen Beeren halbieren, entkernen
250 ml (¼ l) Schlagsahne	steifschlagen, die Torte ganz damit bestreichen, auf der Tortenoberfläche aus den Beerenhälften 2 Weintrauben zusammensetzen 10 Schokoblättchen von
1 Päckchen (125 g) halbbitteren Schoko-Blättchen	in einem kleinen Topf im heißen Wasserbad geschmeidig rühren aus Pergamentpapier eine Spritztüte mit ganz kleiner Öffnung formen, die geschmolzene Schokolade hineingeben und Weinranken und -stiele auf die Tortenoberfläche spritzen die Torte mit den restlichen Schoko-Blättchen garnieren.

Joghurt-Sahnetorte

(Abb. S. 6/7)

	Für den Teig
3 Eier	
2-3 Eßl. heißes Wasser	mit einem elektrischen Handrührgerät mit Rührbesen auf höchster Stufe 1 Minute schaumig schlagen
125 g Zucker	
1 Päckchen Vanillin-Zucker	mischen, in 1 Minute einstreuen, dann noch etwa 2 Minuten schlagen
75 g Weizenmehl	mit
75 g Speisestärke	
20 g Kakao	
2 gestrichene Teel. Backpulver	mischen, 1/3 davon auf die Eiercreme sieben, kurz auf niedrigster Stufe unterrühren, den Rest des Mehl-Gemisches auf dieselbe Weise unterarbeiten, den Teig in eine Springform (Durchmesser etwa 28 cm, Boden gefettet, mit Pergamentpapier belegt) geben die Form auf dem Rost in den vorgeheizten Backofen schieben
Strom:	175-200
Gas:	3-4
Backzeit:	Etwa 25 Minuten sofort nach dem Backen den Tortenboden aus der Form lösen, auf einen Kuchenrost stürzen, das Papier abziehen, den Tortenboden erkalten lassen, einmal durchschneiden
	für die Füllung
etwa 675 g entsteinte Sauerkirschen (aus dem Glas)	abtropfen lassen, den Saft auffangen, 375 ml (3/8 l) davon abmessen, einige Kirschen zum Garnieren zurücklegen den abgemessenen Kirschsaft mit
40 g Speisestärke	anrühren, zum Kochen bringen, die Sauerkirschen unterrühren, mit
25 g Zucker	süßen, erkalten lassen
1 Päckchen und 1 gestrichenen Teel. Gelatine gemahlen, weiß	mit
5 Eßl. kaltem Wasser	in einem kleinen Topf anrühren, 10 Minuten zum Quellen stehenlassen, unter Rühren erwärmen, bis sie gelöst ist
2 Becher (je 150 g) Vollmilch-Joghurt	mit
80 g Zucker	
1 Päckchen Vanillin-Zucker	
4 Eßl. Zitronensaft	
abgeriebener Schale von 1/2 Zitrone (unbehandelt)	verrühren, die Gelatine unterrühren
500 ml (1/2 l) Schlagsahne	steifschlagen, unter die dickliche Joghurtmasse heben die Kirschmasse auf den unteren Tortenboden streichen, die Hälfte der Joghurtsahne auf die Kirschen geben, glattstreichen, mit dem oberen Tortenboden bedecken, etwas andrücken die Torte ganz mit der restlichen Joghurtsahne bestreichen und verzieren, mit den zurückgelassenen Sauerkirschen garnieren, die Tortenoberfläche dünn mit
gesiebtem Kakao	bestäuben.

Schokoladen-Sahnetorte

(Abb. rechts)

	Für den Teig
2 Eier	mit
2-3 Eßl. heißem Wasser	mit einem elektrischen Handrührgerät mit Rührbesen auf höchster Stufe in 1 Minute schaumig schlagen
100 g Zucker	
1 Päckchen Vanillin-Zucker	mischen, in 1 Minute einstreuen, dann noch etwa 2 Minuten schlagen
75 g Weizenmehl	mit
50 g Speisestärke	
1 gestrichenen Teel. Backpulver	mischen, die Hälfte davon auf die Eiercreme sieben, kurz auf niedrigster Stufe unterrühren den Rest des Mehl-Gemisches auf dieselbe Weise unterarbeiten den Teig in eine Springform (Durchmesser etwa 28 cm, Boden gefettet, mit Pergamentpapier belegt) füllen, in den vorgeheizten Backofen schieben
Strom:	175-200
Gas:	3-5
Backzeit:	20-30 Minuten den Tortenboden gut auskühlen lassen, einmal durchschneiden
	für den Guß
750 ml (3/4 l) Schlagsahne	1 Minute schlagen
100 g Puderzucker	sieben, mit
1 Päckchen	

Vanillin-Zucker
2 Päckchen Sahnesteif mischen, einstreuen, die Sahne steifschlagen, 3 Eßl. davon in einen Spritzbeutel füllen
30 g Kakao sieben, unter die restliche Schlagsahne rühren, gut ⅔ auf den unteren Boden streichen
den mit Guß bestrichenen Boden in 12 gleichmäßige Stücke schneiden, auf die Schokoladensahne legen, andrücken, den Rand der Torte mit der restlichen Sahne bestreichen, mit
Kakao bestreuen
die Torte mit der zurückgelassenen Sahne verzieren, mit
grob geraspelter Schokolade garnieren.

Werden zu festlichen Anlässen gebacken: Cremetorten

Englische Mokkatorte

(Abb. oben)

	Für den Teig
200 g Butter oder Margarine	geschmeidig rühren, nach und nach
150 g Zucker **1 Päckchen Vanillin-Zucker** **200 g zartbittere, aufgelöste Schokolade** **5 Eier** **Salz**	unterrühren
150 g Weizenmehl	mit
50 g Speisestärke **1 gestrichenen Teel. Backpuler**	mischen, sieben, eßlöffelweise mit
75 g gemahlenen Haselnußkernen	unterrühren den Teig in eine gefettete, mit Pergamentpapier ausgelegte Springform (Durchmesser etwa 28 cm) füllen, glattstreichen die Form auf dem Rost in den vorgeheizten Backofen schieben
Strom:	175–200
Gas:	3–4
Backzeit:	Etwa 45 Minuten den Tortenboden auf eine Tortenplatte stürzen, das Pergamentpapier abziehen, den erkalteten Tortenboden zweimal durchschneiden
	für die Füllung aus
1 Päckchen Puddingpulver Vanille-Geschmack **500 ml (½ l) Milch** **60 g Zucker**	nach der Vorschrift auf dem Päckchen einen Pudding zubereiten
5 Teel. Instant-Kaffeepulver	unter den heißen Pudding rühren den Pudding erkalten lassen, ab und zu durchrühren
250 g weiche Butter	geschmeidig rühren, den Pudding eßlöffelweise unterrühren
100 g Mokka-Sahne-Schokolade	in kleine Stücke schneiden unter eine Hälfte der Mokka-Buttercreme rühren, den unteren und den mittleren Tortenboden mit dieser Creme bestreichen die 3 Böden zu einer Torte zusammensetzen

	Tortenoberfläche und Rand mit der Hälfte der restlichen Creme bestreichen die verbleibende Creme in einen Spritzbeutel mit Sterntülle füllen, die Tortenoberfläche damit verzieren, mit
Mokkabohnen	garnieren, den Tortenrand mit
gesiebtem Kakao	bestäuben.

Marzipan-Torte

(Abb. rechts)

	Für den Teig
250 g Butter oder Margarine	geschmeidig rühren, nach und nach
150 g Zucker **1 Päckchen Vanillin-Zucker** **Salz** **4 Eier**	unterrühren
125 g Weizenmehl	mit
125 g Speisestärke **3 Teel. Backpulver**	mischen, sieben, eßlöffelweise unterrühren
125 g Nuß-Nougatmasse	in einem kleinen Topf im heißen Wasserbad geschmeidig rühren, mit
75 g abgezogenen, gehackten Mandeln	unter den Teig rühren den Teig in eine gefettete Springform (Durchmesser etwa 26 cm) füllen, glattstreichen die Form auf dem Rost in den vorgeheizten Backofen schieben
Strom:	175-200
Gas:	3-4
Backzeit:	45-60 Minuten sofort nach dem Backen den Tortenboden aus der Form lösen, auf einen Kuchenrost stürzen, erkalten lassen den Boden zweimal durchschneiden
	für die Füllung
150 g Schlagsahne	mit
4 Teel. Pulverkaffee **2 Eßl. gesiebtem Puderzucker**	zum Kochen bringen
250 g Mokkaschokolade **250 g bittere Kuvertüre**	beide Zutaten in kleine Stücke schneiden, in die Kaffee-Sahne geben, unter Rühren darin auflösen, etwas abkühlen lassen, Masse muß noch streichfähig sein
500 g Marzipan-Rohmasse	mit
250 g gesiebtem Puderzucker **4 Eßl. Orangen-Likör**	verkneten, die Masse in 5 Portionen teilen, 3 Portionen auf der mit
gesiebtem Puderzucker	bestäubten Arbeitsfläche ausrollen den geschlossenen Springformring (Durchmesser etwa 26 cm) daraufsetzen, 3 Kreise schneiden den Tortenboden mit der Hälfte der Mokkacreme bestreichen, eine Marzipanplatte auf einen Teigroller wickeln, auf dem bestrichenen Tortenboden abwickeln, mit dem mittleren Tortenboden bedecken, mit der restlichen Mokkacreme bestreichen, Marzinplatte darauflegen, den oberen Tortenboden daraufsetzen, etwas andrücken
4 Eßl. Orangenmarmelade	durch ein Sieb streichen, unter Rühren erhitzen, Tortenoberfläche und -rand damit bestreichen, die dritte Marzipanplatte darauflegen, etwas andrücken die vierte Portion Marzipan ausrollen, Streifen in Höhe des Tortenrandes ausschneiden die Streifen an den Tortenrand legen, leicht andrücken
	für den Guß
200 g Kuvertüre	in einem kleinen Topf im heißen Wasserbad geschmeidig rühren, die Torte damit bestreichen aus dem restlichen Marzipan beliebige Figuren formen, die Tortenoberfläche damit garnieren, bevor der Guß getrocknet ist.

Himbeer-Torte mit Joghurt-Creme

(Abb. S. 2)

	Für den Teig
200 g Weizenmehl	auf die Tischplatte sieben, in die Mitte eine Vertiefung eindrücken
50 g Zucker **1 Päckchen Vanillin-Zucker** **Salz** **1-2 Eßl. kaltes Wasser**	hineingeben, mit einem Teil des Mehls zu einem dicken Brei verarbeiten
125 g kalte Butter oder Margarine	in Stücke schneiden, auf den Brei geben, mit Mehl bedecken, von der Mitte aus alle Zutaten schnell zu einem glatten Teig verkneten, sollte er kleben, ihn eine Zeitlang kalt stellen den Teig auf dem umgedrehten Boden einer Springform (Durchmesser etwa 28 cm) ausrollen, mit einer Gabel mehrmals einstechen, den Springformrand darumlegen, die Form auf dem Rost in den vorgeheizten Backofen schieben
Strom:	200-225
Gas:	3-4
Backzeit:	20-25 Minuten den gebackenen Boden sofort mit einem Messer vom Springformboden lösen, auf dem Springformboden erkalten lassen, dann auf eine Tortenplatte legen, einen Tortenring oder den mit Alufolie ausgelegten Springformrand um den Tortenboden stellen
	für den Belag
1 Päckchen und 1 Teel. Gelatine gemahlen, weiß	mit
4 Eßl. kaltem Wasser	in einem kleinen Topf anrühren, 10 Minuten zum Quellen stehenlassen
2 Eigelb	mit
75 g Zucker **1 Päckchen Vanillin-Zucker**	cremig schlagen
abgeriebene Schale von 1 Zitrone (unbehandelt) **4 Eßl. Zitronensaft** **2 Becher (je 150 g) Vollmilch-Joghurt** **1 Becher (150 g) Crème fraîche**	unterschlagen die Gelatine unter Rühren erwärmen, bis sie gelöst ist, unter die Creme-Masse rühren, kalt stellen ab und zu durchrühren, sobald die Masse beginnt dicklich zu werden,
2 Eiweiß	steifschlagen, unterheben die Creme auf dem Tortenboden verteilen, glattstreichen
500 g Himbeeren	verlesen, vorsichtig waschen, abtropfen lassen, mit
2 Eßl. Zucker	bestreuen, kurze Zeit stehenlassen, abtropfen lassen, den Saft auffangen, mit
Rotwein oder Wasser **4 Eßl. Himbeersaft**	auf 250 ml (¼ l) Flüssigkeit auffüllen aus
1 Päckchen Tortenguß, rot **Zucker nach Angabe auf dem Päckchen** **250 ml (¼ l) abgemessener Flüssigkeit**	nach der Vorschrift auf dem Päckchen einen Tortenguß zubereiten die Himbeeren auf der Creme verteilen, den Tortenguß darübergeben, die Torte in den Kühlschrank stellen den Guß erstarren lassen, Tortenring oder Springformrand entfernen den Tortenrand nach Belieben mit
abgezogenen, gehobelten, gebräunten Mandeln	bestreuen.

Ananas-Krokant-Cremetorte

(Abb. rechts)

	Für den Teig
3 Eier **3-4 Eßl. heißes Wasser**	mit einem elektrischen Handrührgerät mit Rührbesen auf höchster Stufe in 1 Minute schaumig schlagen
150 g Zucker **1 Päckchen Vanillin-Zucker**	mischen, in 1 Minute einstreuen, dann noch etwa 2 Minuten schlagen
100 g Weizenmehl	mit
100 g Speisestärke **3 gestrichenen Teel. Backpulver**	mischen, die Hälfte davon auf die Eiercreme sieben, kurz auf niedrigster Stufe unterrühren den Rest des Mehl-Gemisches auf dieselbe Weise unterarbeiten den Teig in eine gefettete, mit Pergamentpapier ausgelegte Springform (Durchmesser etwa 28 cm) füllen, glattstreichen die Form auf dem Rost in den vorgeheizten Backofen schieben
Strom:	175-200
Gas:	3-4

Backzeit:	20-30 Minuten sofort nach dem Backen den Tortenboden aus der Form lösen, auf einen Kuchenrost stürzen, das Pergamentpapier abziehen, den Tortenboden erkalten lassen, zweimal durchschneiden	
	für die Füllung aus	
1 Päckchen Puddingpulver Vanillegeschmack **500 ml (½ l) Milch** **50 g Zucker**	nach der Vorschrift auf dem Päckchen einen Pudding zubereiten den Pudding erkalten lassen, ab und zu durchrühren	
	für den Krokant	
1 Eßl. Butter	mit	
60 g Zucker	so lange erhitzen, bis die Masse leicht gebräunt und der Zucker gelöst ist	
125 g abgezogene, gehackte Mandeln	hinzufügen, unter Rühren erhitzen, bis der Krokant gebräunt ist, auf ein geöltes Backblech geben die erkaltete Krokantmasse in kleine Stücke zerstoßen	
250 g weiche Butter	geschmeidig rühren, den Vanillepudding eßlöffelweise unterrühren unter die Hälfte der Buttercreme die Hälfte des Krokants rühren	
500 g Ananas (aus der Dose)	abtropfen lassen, in Stücke schneiden 16 Stücke zum Garnieren zurücklassen den unteren Tortenboden mit	
2-3 Eßl. Ananas- oder Aprikosen-Konfitüre	bestreichen, mit den Ananasstückchen belegen, etwas von der Krokantcreme daraufstreichen, mit dem mittleren Biskuitboden bedecken die restliche Krokantcreme darauf verteilen, den oberen Tortenboden darauflegen die Torte mit der Hälfte der zurückgelassenen Buttercreme bestreichen auf der Tortenoberfläche mit einem feuchten Messer 16 Tortenstücke markieren die Torte mit der restlichen Buttercreme verzieren, mit den zurückgelassenen Ananasstückchen garnieren den Tortenrand mit Krokant bestreuen.	
Tip:	1. Die Buttercreme mit 2-3 Eßl. Rum oder Weinbrand abschmecken. 2. Die Ananasstückchen zum Garnieren mit aufgelöster Gelatine bestreichen (1 Teel. Gelatine gemahlen, weiß mit 2-3 Eßl. kaltem Wasser verrühren, 10 Minuten quellen lassen, auflösen).	

Mandel-Nougat-Torte

(Abb. links)

	Für den Teig
500 g Weizenmehl	mit
4 gestrichenen Teel. Backpulver	mischen, auf die Tischplatte sieben, in die Mitte eine Vertiefung eindrücken
150 g Zucker **2 Päckchen Vanillin-Zucker** **Salz** **2 Eier** **2 Teel. abgeriebene Zitronenschale (unbehandelt)**	hineingeben, mit Mehl bedecken, mit einem Teil des Mehls zu einem dicken Brei verarbeiten
250 g kalte Butter **50 g Marzipan-Rohmasse**	beide Zutaten in Stücke schneiden, auf den Brei geben, mit Mehl bedekken, von der Mitte aus alle Zutaten schnell zu einem glatten Teig verkneten, über Nacht kalt stellen den Teig zu einer Rolle formen, in

	6 Stücke schneiden, jedes Teigstück auf der mit
Weizenmehl	bestäubten Arbeitsfläche etwa 3 mm dick zu einer runden Platte ausrollen, mit einem Springformring (Durchmesser etwa 28 cm) ausstechen
1 Ei	verschlagen, die 6 Teigböden damit bestreichen, mit
200 g abgezogenen, gehobelten Mandeln	bestreuen, die Mandelblättchen leicht andrücken ein Backblech mit Back-Trennpapier belegen, die Teigböden nacheinander darauflegen, in den vorgeheizten Backofen schieben
Strom:	Etwa 200
Gas:	3-4
Backzeit:	8-10 Minuten die Tortenböden erkalten lassen
	für die Füllung
250 g weiche Butter	geschmeidig rühren
2 Eier	unterrühren
400 g Nuß-Nougat-Masse	in einem kleinen Topf im heißen Wasserbad geschmeidig rühren, etwas abgekühlt unter die Buttermasse rühren jeden Tortenboden mit 3 Eßl. der Nougatcreme bestreichen, zu einer Torte zusammensetzen, die Torte mit der restlichen Nougatmasse einstreichen, mindestens 1 Stunde kalt stellen
	für den Guß
150 g halbbittere Kuvertüre	
100 g dunkle Kuchenglasur	in einem kleinen Topf im heißen Wasserbad geschmeidig rühren, auf die Torte geben, Tortenoberfläche und -rand gleichmäßig damit bestreichen, die Torte 1 Tag durchziehen lassen.

Praliné-Torte

(Abb. rechts oben)

	Für den Teig
200 g Butter	geschmeidig rühren, nach und nach
200 g Zucker	
1 Päckchen Vanillin-Zucker	
4 Eier	
1 Fläschchen Rum-Aroma	unterrühren
200 g Weizenmehl	mit
20 g Kakao	
2 gestrichene Teel. Backpulver	mischen, sieben, eßlöffelweise unterrühren den Teig in eine gefettete Springform (Durchmesser etwa 28 cm) füllen die Form auf dem Rost in den vorgeheizten Backofen schieben
Strom:	175-200

Gas:	2-3
Backzeit:	Etwa 40 Minuten den Tortenboden gut auskühlen lassen
	für die Füllung
300 ml Milch	
1 Packung Torten-Creme-Pulver Vanille-Geschmack	
200 g Butter	nach Vorschrift auf der Packung zubereiten
2 Eßl. Weinbrand	unterrühren
100 g Schokolade	in Stücke brechen, in einem kleinen Topf im Wasserbad bei schwacher Hitze erwärmen, bis sie weich ist, gleichmäßig unter die Buttercreme rühren den Tortenboden einmal durchschneiden, den unteren Boden mit gut der Hälfte der Creme bestreichen, den anderen Boden darauf legen, leicht andrücken, den Rand und die obere Seite der Torte mit einem Teil der übrigen Creme bestreichen, den Rand mit
etwa 40 g grobgeriebener Schokolade	bestreuen, die Torte mit der restlichen Creme verzieren, mit
Pralinen	garnieren.

Ostertorte

(Abb. unten)

	Für den Teig
	den Boden einer Springform (Durchmesser etwa 16 cm) fetten, aus Alufolie eine Manschette falten und so in die Springform stellen, daß die Folie etwa 3 cm über den Springformrand hinausragt
50 g Marzipan-Rohmasse	mit
30 g Zucker	verkneten, mit
3 Eigelb	
3 Eßl. warmem Wasser	
Salz	mit dem elektrischen Handrührgerät mit Rührbesen cremig rühren
3 Eiweiß	sehr steifschlagen, etwas von dem Eierschnee unter die Marzipan-Eigelbmasse ziehen
75 g Weizenmehl	mit
1 Messerspitze Backpulver	mischen, auf die Eigelbmasse sieben, mit dem restlichen Eierschnee vorsichtig unterziehen den Teig in die vorbereitete Springform füllen, glattstreichen die Form auf dem Rost in den vorgeheizten Backofen schieben
Strom:	Etwa 175
Gas:	Etwa 2
Backzeit:	30-35 Minuten sofort nach dem Backen den Tortenboden aus der Form lösen, auf einen Kuchenrost stürzen, die Manschette abziehen, den Tortenboden erkalten lassen, zweimal durchschneiden
	für die Marzipandecke
400 g Marzipan-Rohmasse	mit
180 g gesiebtem Puderzucker	
1 Eßl. Kakao	verkneten, das Marzipan in Folie wickeln, beiseite legen
	für die Füllung
150 g weiche Butter	geschmeidig rühren
100 g halbbittere Kuvertüre	in einem kleinen Topf im heißen Wasserbad geschmeidig rühren, nach und nach mit
2 Eigelb	
80 g gesiebtem Puderzucker	
Salz	
1-2 Eßl. Weinbrand	zu der Butter geben, mit einem elektrischen Handrührgerät mit Rührbesen zu einer Creme verrühren ⅓ der Creme auf den unteren Tortenboden streichen, mit dem mittleren Tortenboden bedecken, etwas andrücken, mit dem zweiten Drittel der Creme bestreichen, den oberen Boden darauflegen die Torte ganz mit der restlichen Creme bestreichen, etwa 30 Minuten in den Kühlschrank stellen die Hälfte der Marzipanmasse ausrollen, einen Streifen in Höhe des Tortenrandes ausschneiden, leicht mit
gesiebtem Puderzucker	bestäuben, um einen Kochlöffelstiel wickeln und als Rand um die Torte legen, leicht andrücken die Marzipanreste dieser ersten Hälfte nochmals verkneten und ausrollen, mit Hilfe des Springformringes (Durchmesser etwa 16 cm) eine runde Platte ausstechen, auf die Tortenoberfläche legen die zweite Marzipanhälfte etwa 3 mm dick ausrollen, in etwa 1 cm breite Streifen schneiden die ersten beiden Marzipanstreifen als Kreuz über die Torte legen die übrigen Marzipanstreifen einflechten, bis die Tortenoberfläche ganz bedeckt ist die überstehenden Streifen glatt abschneiden die restliche Marzipanmasse verkneten, zu 2 etwa 5 mm dicken und 47 cm langen Röllchen formen den oberen und unteren Tortenrand dünn mit Wasser bestreichen die beiden Marzipanröllchen an den oberen und den unteren Rand drücken, mit einem Marzipankneifer oder Messerrücken Muster eindrücken die Torte mit
Marzipanblüten und -blättern (fertig gekauft)	garnieren.

Buttercreme-Torte

(Abb. oben)

Für den Teig

3 Eier
3–4 Eßl. heißes Wasser mit einem elektrischen Handrührgerät mit Rührbesen auf höchster Stufe in 1 Minute schaumig schlagen

150 g Zucker
1 Päckchen Vanillin-Zucker mischen, in 1 Minute einstreuen, dann noch etwa 2 Minuten schlagen

100 g Weizenmehl mit
100 g Speisestärke
3 gestrichenen Teel. Backpulver mischen, die Hälfte davon auf die Eiercreme sieben, kurz auf niedrigster Stufe unterrühren

den Rest des Mehl-Gemisches auf dieselbe Weise unterarbeiten
den Teig in eine Springform (Durchmesser etwa 28 cm, Boden gefettet, mit Pergamentpapier ausgelegt) füllen, glattstreichen
die Form auf dem Rost in den vorgeheizten Backofen schieben

Strom: 175–200
Gas: 3–4
Backzeit: 20–30 Minuten

sofort nach dem Backen den Tortenboden aus der Form lösen, auf einen Kuchenrost stürzen, das Papier abziehen, den Tortenboden erkalten lassen, zweimal durchschneiden

für die Füllung

500 ml (½ l) Wasser

1 Päckchen Rote Grütze, glatt
100 g Zucker nach der Vorschrift auf dem Päckchen einen Pudding zubereiten, kalt stellen, ab und zu durchrühren
250 g Butter geschmeidig rühren, den erkalteten Pudding eßlöffelweise unterrühren (dabei dürfen weder Pudding noch Butter zu kalt sein, da die Creme dann gerinnen würde)
den unteren Tortenboden mit gut ¼ der Buttercreme bestreichen, den zweiten Boden darauf legen, mit knapp der Hälfte der restlichen Buttercreme bestreichen, mit dem dritten Boden bedecken, etwas andrücken
Rand und obere Seite der Torte dünn und gleichmäßig mit etwas von der zurückgelassenen Creme bestreichen
100 g Marzipan-Rohmasse mit
50 g gesiebtem Puderzucker
1 Tube Farbenfreude, rot verkneten, zu einer Platte ausrollen, ausschneiden (die Platte sollte so groß sein, daß ringsherum ein etwa 2 cm breiter Rand freibleibt)
die Marzipanplatte auf die Tortenoberfläche legen
etwas dunkle Kuchenglasur nach Vorschrift auf der Packung auflösen, in ein Pergamentpapiertütchen füllen, Blüten auf Pergamentpapier spritzen, fest werden lassen
die Torte damit garnieren
Silberperlen (Gebäck-Schmuck) als Stiel an die Blüten legen
die Torte mit der restlichen Buttercreme verzieren, mit
Gebäck-Schmuck garnieren.

Schönbrunner Nuß-Schokoladen-Torte

(Abb. oben)

Für den Teig

100 g zartbittere Schokolade in kleine Stücke brechen, in einem kleinen Topf im Wasserbad geschmeidig rühren
200 g weiche Butter oder Margarine geschmeidig rühren, die Schokolade unterrühren, nach und nach
100 g gesiebten Puderzucker
3 Eier
3 Eigelb unterrühren
80 g Weizenmehl mit
1 schwach gehäuften Teel. Backpulver mischen, mit
150 g gemahlenen Haselnußkernen eßlöffelweise unterrühren
3 Eiweiß steifschlagen, unterheben
den Teig in eine gefettete Springform (Durchmesser etwa 28 cm) füllen, glattstreichen
die Form auf dem Rost in den vorgeheizten Backofen schieben
Strom: Etwa 175
Gas: Etwa 3
Backzeit: 45-50 Minuten
den gebackenen Tortenboden aus der Form lösen, auf einen Kuchenrost stürzen, erkalten lassen, zweimal durchschneiden

für die Füllung

125 g Haselnußkerne auf ein Backblech geben, im Backofen rösten lassen, bis die Nußhaut aufplatzt

Strom: Etwa 200
Gas: Etwa 4
Röstzeit: 8-10 Minuten

die gerösteten Nüsse auf ein Sieb schütten, etwas abkühlen lassen, die Haut abreiben

18 Nußkerne zum Garnieren zurücklassen, die restlichen mahlen

1 Päckchen feines Schokoladenpuddingpulver
500 ml (½ l) Milch nach der Vorschrift auf dem Päckchen (aber ohne Zucker!) zubereiten, kalt stellen, ab und zu durchrühren

250 g weiche Butter geschmeidig rühren, nach und nach

60 g gesiebten Puderzucker unterrühren, den Pudding eßlöffelweise hinzufügen, so lange rühren, bis eine glatte Creme entstanden ist (sollte die Creme gerinnen, kann sie auf heißem Wasserbad wieder glattgerührt werden)

¼ der Creme in einen Spritzbeutel mit Sterntülle geben, unter den Rest der Creme die gemahlenen Haselnußkerne rühren

die 3 Tortenböden mit der Creme bestreichen, zu einer Torte zusammensetzen

die Torte mit der Creme aus dem Spritzbeutel verzieren, mit den zurückgelassenen Haselnußkernen garnieren.

Feine Marzipan-Krokant-Torte

(Abb. oben)

	Für den Krokant
	etwas von
100 g Zucker	in einem gefetteten Topf schmelzen lassen, den restlichen Zucker hinzufügen, unter ständigem Rühren auflösen
	den Topf von der Kochstelle nehmen
50 g abgezogene, gehobelte Mandeln	unterrühren, die Masse auf ein gefettetes Backblech schütten, mit einem gefetteten Teigroller dünn ausrollen, sobald der Krokant erkaltet und hart ist, ihn mit dem Teigroller fein zerstoßen
	für den Teig
5 Eier	mit
125 g Zucker	
Salz	
abgeriebener Schale von 1 Zitrone (unbehandelt)	im heißen (nicht kochenden) Wasserbad mit einem elektrischen Handrührgerät mit Rührbesen zu einer dickcremigen Masse schlagen, aus dem Wasserbad nehmen, weiterschlagen, bis die Masse kalt ist
75 g Weizenmehl	mit
75 g Speisestärke	mischen, sieben, mit ¼ der Krokantmasse unter die Eiercreme ziehen
50 g zerlassene, abgekühlte Butter	unterrühren
	den Teig in eine gefettete Springform (Durchmesser etwa 28 cm) füllen, glattstreichen
	die Form auf dem Rost in den vorgeheizten Backofen schieben
Strom:	175-200
Gas:	3-4
Backzeit:	Etwa 45 Minuten
	sofort nach dem Backen den Tortenboden aus der Form lösen, auf einen Kuchenrost stürzen, erkalten lassen, zweimal durchschneiden
	für die Füllung
500 ml (½ l) Milch	mit
½ aufgeschnittenen Vanillestange	
60-70 g Zucker	
Salz	zum Kochen bringen
50 g Speisestärke	mit
3-4 Eßl. kaltem Wasser	anrühren
6 Eigelb	unterrühren, die Vanillestange aus der Milch nehmen, die angerührte Speisestärke in die kochende Milch rühren, aufkochen lassen, den Topf von der Kochstelle nehmen
100 g weiche Butter	unterrühren, die Creme erkalten lassen, ab und zu durchrühren
	von
100 g Pistazienkernen	18-24 Kerne zum Garnieren zurücklassen
	die restlichen Kerne fein mahlen
	die Hälfte von
200 g Marzipan-Rohmasse	mit
3 Eßl. Arrak	und der Hälfte der gemahlenen Pistazienkerne verkneten
	die erkaltete Creme mit einem elektrischen Handrührgerät mit Rührbesen geschmeidig rühren, die Marzipan-Pistazienmasse unterrühren
	¼ der Creme beiseite stellen
	mit der restlichen Creme die 3 Tortenböden bestreichen, zu einer Torte zusammensetzen, kalt stellen
	die restliche Marzipan-Rohmasse mit 1 Eßl. der gemahlenen Pistazienkerne, 1 Eßl. des zerstoßenen Krokants,
1 Eßl. Arrak	verkneten, zu einer Rolle formen, 12-16 Kugeln daraus formen
	die Torte ganz mit der zurückgelassenen Creme bestreichen
	den restlichen Krokant mit den restlichen gemahlenen Pistazienkernen mischen, die Torte damit bestreuen
	auf der Tortenoberfläche 12-16 Tortenstücke markieren, mit den Marzipankugeln garnieren
	die zurückbehaltenen Pistazienkerne halbieren, in die Marzipankugeln stecken, die Torte etwa 2 Stunden kalt stellen.

Hochzeitstorte

(Abb. unten)

	Für die Torte
	2 Böden herstellen, dazu jeweils
250 g Butter	geschmeidig rühren, nach und nach
250 g Zucker	
1 Päckchen Vanillin-Zucker	
5 Eier	
1 Eigelb	
1 Fläschchen Rum-Aroma	unterrühren
300 g Weizenmehl	mit
100 g Speisestärke	
1 Päckchen Backpulver	mischen, sieben, abwechselnd eßlöffelweise mit
etwa 2 Eßl. Milch	unterrühren die Teige nacheinander in eine gefettete, mit Pergamentpapier ausgelegte Springform (Durchmesser etwa 28 cm) füllen, glattstreichen die Form auf dem Rost in den vorgeheizten Backofen schieben
Strom:	175-200
Gas:	3-4
Backzeit:	je Boden 45-55 Minuten jeden Boden nach dem Backen nach etwa 5 Minuten stürzen, erkalten lassen

	für die Füllung von
1 l Milch	10 Eßl. abnehmen
2 Päckchen Pudding-Pulver Vanille-Geschmack	
150 g Zucker	damit anrühren, die übrige Milch zum Kochen bringen, in die von der Kochstelle genommene Milch langsam das angerührte Puddingpulver geben, einmal kurz aufkochen lassen, während des Erkaltens ab und zu durchrühren
500 g Butter	geschmeidig rühren, den Pudding eßlöffelweise darunter geben
100 g gemahlene, geröstete Haselnußkerne	unter knapp die Hälfte der Buttercreme rühren
75-100 g zartbittere Schokolade	in kleine Stücke brechen, in einem kleinen Topf im heißen Wasserbad zu einer geschmeidigen Masse verrühren, erkalten lassen, unter knapp die Hälfte der restlichen Buttercreme rühren jeden Boden dreimal durchschneiden auf zwei Böden eine Untertasse (Durchmesser etwa 14 cm) legen, den äußeren Rand abschneiden auf drei weitere Böden einen Des-

sertteller (Durchmesser etwa 20 cm) legen, den äußeren Rand abschneiden
die zwei größten Böden mit Nuß-Buttercreme bestreichen, aufeinandersetzen, mit dem dritten Boden bedecken
die zwei mittleren Böden mit Schokoladen-Buttercreme bestreichen, aufeinandersetzen, mit dem dritten Boden bedecken
die beiden kleinen Böden mit etwa ⅓ der Vanille-Buttercreme füllen, aufeinandersetzen
die Ränder und die oberen Seiten der Torten mit der restlichen Vanille-Buttercreme gleichmäßig dünn bestreichen

200 g Puderzucker	sieben, mit
350 g Marzipan-Rohmasse	verkneten knapp ⅓ des Marzipans mit
grüner Lebensmittelfarbe	färben, millimeterdick ausrollen Blüten und Blätter ausschneiden (am besten mit Hilfe einer Papierschablone), die Blüten etwas zusammendrücken
Zuckerblümchen **Gebäck-Schmuck**	in die Blüten drücken knapp die Hälfte des restlichen Marzipans millimeterdick ausrollen, eine Platte (etwa 28 cm Durchmesser) ausschneiden, auf die größte zusammengesetzte Torte legen die Marzipanreste zusammenkneten, daraus Streifen in Höhe der Torte ausrollen, um die Torte legen, fest andrücken das restliche Marzipan millimeterdick ausrollen die beiden anderen Torten auf die gleiche Weise mit Marzipan bedecken und umlegen
300 g Puderzucker	sieben, mit
gelber Lebensmittelfarbe **gut 1 Eßl. Kirschwasser** **1-2 Eiweiß**	zu einem dickflüssigen Guß verrühren, die drei Torten damit bestreichen den Guß fest werden lassen auf eine möglichst große Platte die größte Torte legen, die mittlere und die kleine Torte darauf setzen auf der kleinen Torte Rosenblüten und Blätter anordnen
100 g Puderzucker	sieben, mit
etwas Eiweiß	zu einer spritzfähigen Masse verrühren, in einen Spritzbeutel mit glatter Tülle füllen, die Torte damit verzieren.

Prinzregenten-Torte

(Abb. links)

Für den Teig

250 g Butter	geschmeidig rühren, nach und nach
250 g Zucker **1 Päckchen Vanillin-Zucker** **4 Eier** **Salz**	unterrühren
200 g Weizenmehl	mit
50 g Speisestärke **1 gestrichener Teel. Backpulver**	mischen, sieben, eßlöffelweise unterrühren, aus dem Teig 8 Böden herstellen knapp 2 Eßl. des Teiges jeweils auf einen gefetteten Springformboden (Durchmesser etwa 28 cm) streichen (darauf achten, daß die Teiglage am Rand nicht zu dünn ist, damit der Boden dort nicht zu dunkel wird) jeden Boden ohne Springformrand im vorgeheizten Backofen backen, bis er hellbraun ist
Strom:	175-200
Gas:	3-4
Backzeit:	8-10 Minuten

für die Buttercreme

1 Päckchen Pudding-Pulver für

Schokoladen-Pudding	mit
10 g Kakao	
100 g Zucker	mischen, mit 6 Eßl. von
500 ml (½ l)	
kalter Milch	anrühren, die übrige Milch zum Kochen bringen, das Pudding-Pulver unter Rühren in die von der Kochstelle genommene Milch geben, kurz aufkochen lassen, kalt stellen, ab und zu durchrühren
250 g Butter	geschmeidig rühren, den Pudding eßlöffelweise darunter geben (darauf achten, daß weder Fett noch Pudding zu kalt sind, da dann die sogenannte Gerinnung eintritt) die einzelnen Böden mit der Buttercreme bestreichen (2-3 Eßl. zum Verzieren zurücklassen), zu einer Torte zusammensetzen, die oberste Schicht muß aus einem Boden bestehen
	für den Guß
100 g Schokolade	in kleine Stücke brechen, mit
etwas	
Kokosfett	in einem kleinen Topf im heißen Wasserbad bei schwacher Hitze zu einer geschmeidigen Masse verrühren, die Torte damit überziehen, mit der zurückgelassenen Creme verzieren, mit
Schokoladen-täfelchen	garnieren.

Kleeblatt-Torte

(Abb. oben)

	Für den Teig
3 Eier	
3-4 Eßl.	
heißes Wasser	mit einem elektrischen Handrührgerät mit Rührbesen auf höchster Stufe in 1 Minute schaumig schlagen
150 g Zucker	
1 Päckchen	
Vanillin-Zucker	mischen, in 1 Minute einstreuen, dann noch etwa 2 Minuten schlagen
100 g Weizenmehl	mit
100 g Speisestärke	
3 gestrichenen	
Teel. Backpulver	mischen, die Hälfte davon auf die Eiercreme sieben, kurz auf niedrigster Stufe unterrühren den Rest des Mehl-Gemisches auf dieselbe Weise unterarbeiten den Teig in eine Springform (Durchmesser etwa 28 cm, Boden gefettet, mit Pergamentpapier ausgelegt) füllen, glattstreichen die Form auf dem Rost in den vorgeheizten Backofen schieben
Strom:	175-200
Gas:	3-4
Backzeit:	20-30 Minuten sofort nach dem Backen den Tortenboden aus der Form lösen, auf einen Kuchenrost stürzen, das Papier abziehen, den Tortenboden erkalten lassen, einmal durchschneiden, eine Kleeblatt-Schablone aus Pappe darauflegen, die Form ausschneiden
	für die Füllung den unteren Boden mit
2 Eßl. Sherry medium	beträufeln, mit
2 Eßl. Aprikosen-Konfitüre	bestreichen, den oberen Boden darauf legen, etwas andrücken, mit
3 Eßl. Aprikosen-Konfitüre	bestreichen
	für den Guß
etwa 125 g gesiebten Puderzucker	mit
2-3 Eßl.	
Zitronensaft	
Farbenfreude,	
grün (etwa 1 Tube)	verrühren, den Tortenrand damit bestreichen, mit
Zuckerstreuseln (Gebäck-Schmuck)	bestreuen
200 g Marzipan-rohmasse	mit
100 g gesiebtem	
Puderzucker	
1 Tube grüner	

Farbenfreude (Back- und Speisefarbe)	verkneten die Masse zu einer Platte ausrollen, die Kleeblatt-Schablone darauf legen, die Form ausschneiden das Marzipan-Kleeblatt auf die Torte legen, etwas andrücken die Kleeblatt Torte mit
Silberperlen (Gebäck-Schmuck) **Farbenfreude, rot**	verzieren.

Mignon-Torte

(Abb. rechts)

	Für den Teig
500 g Weizenmehl	mit
2 gestrichenen Teel. Backpulver	mischen, auf die Tischplatte sieben, in die Mitte eine Vertiefung eindrücken
150 g gesiebten Puderzucker **1 Päckchen Vanillin-Zucker** **3 Eier** **Salz** **abgeriebene Schale von 1 Zitrone (unbehandelt)**	hineingeben, mit einem Teil des Mehls zu einem dicken Brei verarbeiten
300 g kalte Butter	in Stücke schneiden, auf den Brei geben, mit Mehl bedecken, von der Mitte aus alle Zutaten schnell zu einem glatten Teig verkneten, einige Stunden kalt stellen etwas Teig dünn ausrollen, 32 kleine runde oder gezackte Plätzchen (Durchmesser etwa 2 cm) ausstechen die Plätzchen auf ein gefettetes Backblech legen, das Backblech in den vorgeheizten Backofen schieben
Strom:	175-200
Gas:	3-4
Backzeit:	8-10 Minuten den restlichen Teig in 5 Teile teilen, jeweils einen Teig auf dem umgedrehten, gefetteten Boden einer Springform (Durchmesser etwa 28 cm) ausrollen, mehrmals mit einer Gabel einstechen nacheinander bei gleicher Temperatur wie die Plätzchen backen
Backzeit:	12-15 Minuten die Tortenböden sofort nach dem Backen vom Springformboden lösen, erkalten lassen
	für die Füllung
abgeriebene Schale von 2 Zitronen (unbehandelt)	in einen Topf geben
175 g Zucker **1 Päckchen Vanillin-Zucker** **2 schwach gehäufte Eßl. Speisestärke**	hinzufügen
150 ml Zitronensaft (von 3-4 Zitronen)	hinzugießen, verrühren
3 Eier	hinzufügen, die Masse unter ständigem Rühren zum Kochen bringen, von der Kochstelle nehmen nach und nach
200 g weiche Butter	unterrühren, die Creme erkalten lassen, ab und zu durchrühren jeweils 2 Plätzchen mit etwas Creme zusammensetzen mit der restlichen Creme die 5 Tortenböden bestreichen, zu einer Torte zusammensetzen und den Tortenrand mit etwas Creme bestreichen die Torte einige Zeit kalt stellen
225 g gesiebten Puderzucker	mit
4-5 Eßl. Zitronensaft	zu einer dickflüssigen Masse verrühren die zusammengesetzten Plätzchen auf der Oberseite damit bestreichen, mit jeweils 1 von
16 Pistazienkernen	belegen, mit dem restlichen Guß die Torte ganz einstreichen die Plätzchen auf den Rand der Tortenoberfläche setzen, die Torte gut durchziehen lassen.

Trüffeltorte

(Abb. oben)

	Für den Teig
4 Eier	
3-4 Eßl. heißes Wasser	mit einem elektrischen Handrührgerät mit Rührbesen auf höchster Stufe in 1 Minute schaumig schlagen
175 g Zucker	mit
1 Päckchen Vanillin-Zucker	mischen, in 1 Minute einstreuen, dann noch etwa 2 Minuten schlagen
100 g Weizenmehl	mit
100 g Speisestärke	
30 g Kakao	
3 gestrichenen Teel. Backpulver	mischen, die Hälfte davon auf die Eiercreme sieben, kurz auf niedrigster Stufe unterrühren den Rest des Mehl-Gemisches auf dieselbe Weise unterarbeiten den Teig in eine Springform (Durchmesser etwa 28 cm, Boden gefettet, mit Pergamentpapier ausgelegt) füllen, glattstreichen die Form auf dem Rost in den vorgeheizten Backofen schieben
Strom:	175-200
Gas:	3-4
Backzeit:	20-30 Minuten sofort nach dem Backen den Tortenboden aus der Form lösen, auf einen Kuchenrost stürzen, das Papier abziehen, den Tortenboden erkalten lassen, zweimal durchschneiden

	für die Füllung
125 g Butter	geschmeidig rühren
150 g Puderzucker	mit
100 g Kakao	mischen, sieben, nach und nach abwechselnd mit
1 Ei	
1 Fläschchen Rum-Aroma	unterrühren, 16. Teel. davon abnehmen, jedesmal soviel, daß sich aus einem Teelöffel Masse eine kirschgroße Kugel formen läßt, die Masse kalt stellen unter den Rest der Füllung
2 Eßl. Wasser	
1 Päckchen Vanillin-Zucker	rühren den unteren und den mittleren Tortenboden mit der Creme bestreichen, die 3 Tortenböden zu einer Torte zusammensetzen
	für den Guß
100 g Schokolade	in kleine Stücke brechen, mit
etwas Kokosfett	in einem kleinen Topf im heißen Wasserbad bei schwacher Hitze zu einer geschmeidigen Masse verrühren, die Torte gleichmäßig damit überziehen den Rand und einen 2 cm breiten

Rand auf der Tortenoberfläche mit

75 g Schokoladenstreuseln bestreuen

aus der Masse 16 Kugeln formen, in den restlichen Schokoladenstreuseln (in einem Kaffeesieb) wälzen, kranzförmig auf die Torte legen.

Schwarz-Weiß-Torte

(Abb. unten)

Für den Teig

4 Eier
3-4 Eßl. heißes Wasser mit einem elektrischen Handrührgerät mit Rührbesen auf höchster Stufe in 1 Minute schaumig schlagen

125 g Zucker
1 Päckchen Vanillin-Zucker mischen, in 1 Minute einstreuen, dann noch etwa 2 Minuten schlagen

50 g Weizenmehl
50 g Speisestärke
30 g Kakao
½ gestrichenen Teel. Backpulver mischen, die Hälfte davon auf die Eiercreme sieben, kurz auf niedrigster Stufe unterrühren

den Rest des Mehl-Gemisches auf dieselbe Weise unterarbeiten

den Teig etwa 1 cm dick auf ein mit Pergamentpapier belegtes Backblech streichen, das Papier unmittelbar vor dem Teig zu einer Falte knicken, so daß ein Rand entsteht, das Backblech in den vorgeheizten Backofen schieben

Strom: 200-225
Gas: 4-5
Backzeit: 10-15 Minuten

den Biskuit sofort auf ein mit Zucker bestreutes Papier stürzen, das Pergamentpapier mit kaltem Wasser bestreichen, vorsichtig, aber schnell abziehen

für den Krokant

1 Messerspitze Butter mit
25 g Zucker zerlassen, unter Rühren so lange erhitzen, bis der Zucker schwach gebräunt ist

50 g abgezogene, gehackte Mandeln unterrühren, auf einer mit
Speiseöl bestrichenen Platte erkalten lassen, in kleine Stücke zerstoßen

für die Füllung

von
500 ml (½ l) kalter Milch 5 Eßl. abnehmen

40 g Speisestärke
100 g Zucker damit anrühren, die übrige Milch zum Kochen bringen, in die von der Kochstelle genommene Milch langsam die angerührte Speise-

stärke geben, einmal kurz aufkochen lassen, während des Erkaltens ab und zu durchrühren

250 g Butter geschmeidig rühren, den Pudding eßlöffelweise darunter geben (darauf achten, daß weder Fett noch Pudding zu kalt sind, da dann die sogenannte Gerinnung eintritt)

3 Eßl. von der Creme mit

Kakao verrühren, in einen Spritzbeutel füllen

die erkaltete Biskuitplatte zunächst mit

6 Eßl. Rum beträufeln

200 g Johannisbeer-Gelee glattrühren, die Biskuitplatte zunächst mit dem Gelee, dann mit ⅔ der Buttercreme bestreichen, der Länge nach in 6 Streifen von etwa 5 cm Breite schneiden

den erste Streifen spiralförmig aufrollen, senkrecht hinstellen, die übrigen Streifen quer in Hälften schneiden, mit den Stücken die Spirale fortsetzen, so daß eine Torte entsteht

Rand und Oberfläche der Torte mit der restlichen Creme bestreichen den Rand mit Krokant bestreuen, die Tortenoberfläche mit einer Gabel spiralförmig verzieren, mit der Creme aus dem Spritzbeutel beliebig garnieren.

Zuger Kirschtorte

(Abb. rechts)

Für den Teig

4 Eier
2-3 Eßl. heißes Wasser mit einem elektrischen Handrührgerät mit Rührbesen auf höchster Stufe in 1 Minute schaumig rühren

100 g Zucker mit

1 Päckchen Vanillin-Zucker mischen, in 1 Minute einstreuen, dann noch etwa 2 Minuten schlagen

75 g Weizenmehl mit

50 g Speisestärke
1 gestrichenen Teel. Backpulver mischen, die Hälfte davon auf die Eiercreme sieben, kurz auf niedrigster Stufe unterrühren

den Rest des Mehl-Gemisches auf dieselbe Weise unterarbeiten

den Teig in eine Springform (Durchmesser etwa 28 cm, Boden gefettet, mit Pergamentpapier ausgelegt) füllen, glattstreichen

die Form auf dem Rost in den vorgeheizten Backofen schieben

Strom: 175-200
Gas: 3-4
Backzeit: 25-30 Minuten

sofort nach dem Backen den Tortenboden aus der Form lösen, auf einen Kuchenrost stürzen, das Papier abziehen, den Tortenboden erkalten lassen

für die Baisermasse

3 Eiweiß steifschlagen, nach und nach eßlöffelweise

150 g Zucker
1 Päckchen Vanillin-Zucker unterschlagen

100 g abgezogene, gemahlene Mandeln vorsichtig unterheben, aus der Masse zwei Baiserböden herstellen

dazu jeweils die Hälfte in eine gefettete, mit gut gefettetem Pergamentpapier ausgelegte Springform (Durchmesser etwa 28 cm) geben, glattstreichen

die Form auf dem Rost in den vorgeheizten Backofen schieben

Strom: 100-125
Gas: 1

nach 30-40 Minuten Ofen ausschalten, Boden noch etwa 20 Minuten im Ofen stehenlassen

Backzeit: 60-80 Minuten

sobald die Böden gebacken sind, das Papier mit Wasser bestreichen, abziehen

die Baiserböden in gut schließendem Kochtopf aufbewahren, damit sie nicht weich werden

für die Füllung

1 Päckchen Pudding-Pulver Himbeer-Geschmack
100 g Zucker mit

6 Eßl. kalter Milch anrühren

500 ml (½ l) Milch zum Kochen bringen, das Pudding-Pulver unter Rühren in die von der Kochstelle genommene Milch geben, kurz aufkochen lassen, kalt stellen, ab und zu umrühren

250 g Butter geschmeidig rühren, den Pudding eßlöffelweise darunter geben (darauf achten, daß weder Fett noch Pudding zu kalt sind, da dann die sogenannte Gerinnung eintritt

zum Tränken des Biskuitbodens

6 Eßl. Wasser mit

60 g Zucker aufkochen, erkalten lassen

6 Eßl. Kirschwasser dazugeben

einen der Baiserböden mit ¼ der Buttercreme bestreichen, den Biskuitboden darauf legen, mit dem Kirschwasser beträufeln, mit knapp der Hälfte der übrigen Buttercreme bestreichen, den zweiten Baiserbo-

50 g abgezogene, gehobelte Mandeln

den darauf legen, gut andrücken, Rand und obere Seite der Torte mit der restlichen Creme gleichmäßig bestreichen

auf einem Backblech im Backofen unter Wenden leicht gelblich rösten, erkalten lassen, den Rand der Torte damit bestreuen

ein Messer in heißes Wasser tauchen, ein Gittermuster auf der Torte ziehen

25 g Puderzucker

gleichmäßig darauf sieben

die Torte läßt sich gut schneiden, wenn sie einen Tag vor dem Verzehr gefüllt wird.

Torte Othello

(Abb. unten)

	Für den Teig
5 Eier	mit
125 g Zucker	
abgeriebener Schale von 1 Zitrone (unbehandelt)	
Salz	in eine Schüssel geben, im heißen Wasserbad mit dem elektrischen Handrührgerät mit Rührbesen so lange schlagen, bis eine cremige Masse entstanden ist die Schüssel aus dem Wasserbad nehmen, weiterschlagen, bis die Masse kalt ist
75 g Weizenmehl	mit
75 g Speisestärke	mischen, darübersieben, unterziehen zum Schluß
50 g zerlassene, abgekühlte Butter	unterrühren den Teig in eine Springform (Durchmesser etwa 28 cm), Boden gefettet, mit
Weizenmehl	bestäubt, füllen, glattstreichen die Form auf dem Rost in den vorgeheizten Backofen schieben
Strom:	Etwa 175
Gas:	2–3
Backzeit:	Etwa 40 Minuten sofort nach dem Backen den Tortenboden aus der Form lösen, auf einen Kuchenrost stürzen, über Nacht erkalten lassen, dann den Tortenboden zwei- bis dreimal durchschneiden
	für die Füllung
400 g Marzipan-Rohmasse	mit
100 g gesiebtem Puderzucker	
250 g Aprikosen-Konfitüre	
4 Eßl. Rum	zu einer geschmeidigen Masse verkneten ¼ von der Füllung abnehmen, beiseite stellen, mit der restlichen Marzipanmasse die Böden bestreichen, zu einer Torte zusammensetzen die Torte ganz mit der zurückgelassenen Marzipanmasse einstreichen
	für den Belag
200 g Marzipan-Rohmasse	mit
2 Eigelb	
50 g gesiebtem Puderzucker	
1 Eßl. Rum	zu einer spritzfähigen Masse verrühren, in einen Spritzbeutel mit Lochtülle füllen in die Mitte der Tortenoberfläche einen Streifen Marzipanmasse spritzen, dabei je etwa 1 cm am Tortenrand freilassen die Torte im Uhrzeigersinn drehen, einen zweiten Streifen zum Kreuz über den ersten Streifen spritzen in derselben Weise weitere Streifen mit je ½ cm Abstand auf die Torte spritzen, bis sie mit einem Gitter bedeckt ist zum Schluß einen Rand auf die Tortenoberfläche spritzen mit einem nassen Messer auf der Tortenoberfläche 16 Stücke markieren, dabei die Marzipanmasse durchschneiden die Torte etwa 30 Minuten stehenlassen, damit die Marzipanmasse etwas antrocknen kann die Torte unter den vorgeheizten Grill schieben, goldbraun überbacken
etwa 200 g Aprikosen-Konfitüre	mit
3 Eßl. Wasser	unter Rühren zum Kochen bringen die etwas abgekühlte Torte ganz damit bestreichen den Tortenrand mit
80 g gerösteten Pinienkernen	bestreuen nach Belieben
geschlagene Sahne	
Cream Sherry	dazureichen.

Nuß-Möhren-Torte

(Abb. oben)

	Für den Teig
500 g Möhren	putzen, schrappen, waschen, fein reiben
500 g gemahlene Haselnußkerne	mit
4 gestrichenen Teel. Backpulver	mischen
8 Eigelb	mit
3 Eßl. Apfelsinensaft abgeriebener Schale von 1 Apfelsine (unbehandelt)	dickschaumig schlagen, dabei die Hälfte von
300 g Zucker	unterschlagen
8 Eiweiß	steifschlagen, nach und nach unter die Eigelbcreme ziehen, dann die Haselnußkerne und zuletzt die geriebenen Möhren unterheben den Teig in eine gefettete, mit Pergamentpapier ausgelegte Springform (Durchmesser etwa 28 cm) füllen, glattstreichen die Form auf dem Rost in den vorgeheizten Backofen schieben
Strom:	175-200
Gas:	3-4
Backzeit:	55-60 Minuten die Torte aus der Form lösen, auf eine Tortenplatte stürzen, das Pergamentpapier abziehen, die Torte erkalten lassen
	zum Bestreichen
2 Eßl. Apfelsinen-Marmelade	mit
2 Eßl. Wasser	verrühren, durch ein Sieb streichen, aufkochen lassen, die Torte damit bestreichen
	für den Guß
150 g zartbittere Schokolade	mit
etwas Kokosfett	in einem kleinen Topf im heißen Wasserbad geschmeidig rühren die Torte damit bestreichen nach Belieben mit
Marzipan-Möhren	garnieren.
Beigabe:	Schwach gesüßte, geschlagene Sahne.

Quarkschaum-Torte

175 g weiche Butter geschmeidig rühren, nach und nach
150 g Zucker
7 Eigelb
abgeriebene Schale von 1 Zitrone (unbehandelt)
2–3 Eßl. Zitronensaft unterrühren
750 g Magerquark
75 g Grieß hinzufügen, verrühren
7 Eiweiß steifschlagen, unterheben
den Teig in eine gefettete Springform (Durchmesser etwa 28 cm) füllen, glattstreichen
die Form auf dem Rost in den vorgeheizten Backofen schieben

Strom: Etwa 175
Gas: 2–3
Backzeit: Etwa 70 Minuten
den gebackenen Kuchen noch etwa 30 Minuten im Backofen bei etwas geöffneter Backofentür ruhen lassen, erst dann herausnehmen und in der Form erkalten lassen.

Sacher-Torte

Für den Teig

6 Eier
2 Eßl. heißes Wasser mit einem Handrührgerät mit Rührbesen
auf höchster Stufe in 1 Minute schaumig schlagen
175 g Zucker mit
1 Päckchen Vanillin-Zucker mischen, in 1 Minute einstreuen, dann noch etwa 2 Minuten schlagen
100 g Weizenmehl mit
2 Päckchen Schokoladen-Pudding-Pulver
1 gestrichenen Teel. Backpulver mischen, ⅓ davon auf die Eiercreme sieben, kurz auf niedrigster Stufe unterrühren, den Rest des Mehl-Gemisches (jeweils ⅓) auf dieselbe Weise unterarbeiten, dabei
100 g zerlassene, abgekühlte Butter nach und nach hinzufügen
den Teig in eine gefettete, mit Pergamentpapier oder Back-Trennpapier ausgelegte Springform (Durchmesser etwa 28 cm) füllen
die Form auf dem Rost in den vorgeheizten Backofen schieben, sofort backen

Strom: 175–200, **Gas:** 3–4
Backzeit: 35–40 Minuten
den Tortenboden gut auskühlen lassen

für die Füllung

200 g Aprikosen-Konfitüre gut verrühren, den Tortenboden einmal durchschneiden, mit ⅔ der Konfitüre füllen, Rand und oberste Seite der Torte dünn und gleichmäßig mit der restlichen Konfitüre bestreichen

für den Guß

125 g zartbittere Schokolade in kleine Stücke brechen, mit
etwas Kokosfett in einem kleinen Topf im heißen Wasserbad zu einer geschmeidigen Masse verrühren, die Torte damit überziehen, sobald der Guß etwas fest geworden ist, die Torte in 16–18 Stücke einteilen.

Urgroßmutters feine Schokoladen-Torte

(Abb. rechts)

175 g zartbittere Schokolade in kleine Stücke brechen, in einem kleinen Topf im Wasserbad geschmeidig rühren, aus dem Wasserbad nehmen, in eine Schüssel geben
175 g weiche Butter hinzufügen, nach und nach
175 g Zucker
3 Eier
4 Eigelb unterrühren
125 g feines Semmelmehl eßlöffelweise hinzufügen
3 Eiweiß steifschlagen, unterheben
den Teig in eine gut gefettete Springform (Durchmesser etwa 28 cm) füllen, glattstreichen
die Form auf dem Rost in den vorgeheizten Backofen schieben

Strom: Etwa 175
Gas: Etwa 3
Backzeit: Etwa 45 Minuten
den ausgekühlten Tortenboden einmal durchschneiden, den Boden mit
etwa 3 Eßl. Aprikosen-Konfitüre bestreichen, mit dem oberen Boden bedecken
etwa 3 Eßl. Aprikosen-Konfitüre durch ein Sieb streichen und die Torte ganz damit bestreichen

für den Guß

75 g zartbittere Schokolade in Stücke brechen, in einem kleinen Topf im Wasserbad geschmeidig rühren
1 Eiweiß mit
60 g Zucker gut verrühren, die aufgelöste Schokolade unterrühren, bis der Guß glänzt, die Torte damit bestreichen, trocknen lassen, mit
gesiebtem Puderzucker bestäuben.

Wiener Schokoladen-Torte

(Abb. oben)

	Für den Teig
250 g zartbittere Schokolade	in Stücke brechen, in einem kleinen Topf im heißen Wasserbad geschmeidig rühren, etwas abkühlen lassen
250 g weiche Butter	geschmeidig rühren, die aufgelöste Schokolade unterrühren nach und nach ⅓ von
150 g Zucker	mit
5 Eigelb	
3 Eiern	unterrühren
250 g gemahlene Mandeln (mit Schale)	
100 g Semmelmehl	
2 gestrichene Teel. Backpulver	mischen, sieben, eßlöffelweise unterrühren
5 Eiweiß	steifschlagen, unter ständigem Schlagen nach und nach den restlichen Zucker hinzufügen den Eierschnee auf die Teigmasse geben, vorsichtig unterheben den Teig in eine gefettete Springform (Durchmesser etwa 28 cm) füllen, glattstreichen die Form auf dem Rost in den vorgeheizten Backofen schieben
Strom:	150–175
Gas:	2–3
Backzeit:	Etwa 70 Minuten den Tortenboden erkalten lassen
3 Eßl. Johannisbeergelee	mit
3 Eßl. Wasser	unter Rühren einige Minuten kochen lassen

Tortenoberfläche und -rand gleichmäßig damit bestreichen

für den Guß

100 g zartbittere Schokolade mit
Kokosfett in einem kleinen Topf im heißen Wasserbad geschmeidig rühren
die Torte gleichmäßig damit bestreichen, die noch feuchte Tortenoberfläche mit
gehobelter Schokolade garnieren.

Rübli-Torte, klassisch

(Abb. rechts)

Für den Teig

300 g Möhren putzen, schrappen, waschen, sehr fein reiben
4 Eigelb mit
200 g Zucker
1 Päckchen Vanillin-Zucker
abgeriebener Schale von ½ Zitrone (unbehandelt) oder von 1 Orange (unbehandelt)
2 Eßl. Zitronensaft cremig rühren, die geriebenen Möhren,
300 g abgezogene, gemahlene Mandeln unterrühren
60 g Weizenmehl mit
1 Teel. Backpulver
Salz mischen, sieben, unter den Teig rühren
4 Eiweiß steifschlagen, 3 Eßl. von dem Eierschnee abnehmen, unter den Teig rühren, dann den restlichen Eierschnee unterheben
den Teig in eine gefettete, mit
Weizenmehl bestäubte Springform (Durchmesser etwa 24 cm) füllen, glattstreichen
die Form auf dem Rost in den vorgeheizten Backofen schieben
Strom: 175-200
Gas: Etwa 3
Backzeit: Etwa 40 Minuten
sofort nach dem Backen die Torte aus der Form lösen, auf einen Kuchenrost stürzen

für den Guß

150 g gesiebten Puderzucker mit
2-3 Eßl. Zitronensaft verrühren, die noch heiße Tortenoberfläche damit bestreichen
die Torte erkalten lassen, mit
8 Marzipan-Möhren (fertig gekauft) garnieren.
Beigabe: Geschlagene Sahne.

Badener Walnuß-Torte

(Abb. unten)

	Für den Teig
200 g Marzipan-Rohmasse	in kleine Stücke schneiden, nach und nach
7 Eigelb	
abgeriebene Schale von 1 Zitrone (unbehandelt)	
1 Päckchen Vanillin-Zucker	
Salz	unterrühren mit einem elektrischen Handrührgerät mit Rührbesen cremig rühren
7 Eiweiß	steifschlagen, dabei unter ständigem Schlagen nach und nach

180 g Zucker	hinzufügen, den Eierschnee auf die Eigelbcreme geben
200 g gemahlene Walnuß-Kerne	daraufgeben
120 g Weizenmehl	mit
2 gestrichenen Teel. Backpulver	mischen, auf die gemahlenen Walnußkerne sieben, die Zutaten vorsichtig unter die Eigelbcreme heben
100 g zerlassene, abgekühlte Butter	nach und nach unterziehen den Teig in eine gefettete Springform (Durchmesser etwa 26 cm) füllen, glattstreichen die Form auf dem Rost in den vorgeheizten Backofen schieben
Strom:	175-200
Gas:	3-4
Backzeit:	Etwa 40 Minuten den Tortenboden erkalten lassen
	für den Guß
200 g Nuß-Nougatmasse	mit
etwas Kokosfett	in einem kleinen Topf im heißen Wasserbad geschmeidig rühren die Torte damit bestreichen
etwa 20 g dunkle Kuvertüre	in einem kleinen Topf im heißen Wasserbad geschmeidig rühren, in ein Pergamentpapiertütchen geben die aufgelöste Kuvertüre in Form einer Spirale auf den noch feuchten Tortenguß spritzen (von der Tortenmitte ausgehend), ein spitzes Holzstäbchen in gleichmäßigen Abständen achtmal von der Tortenmitte zum Rand durch den noch feuchten Guß ziehen, diese Tortenachtel nochmals unterteilen, dazu das Holzstäbchen nun vom Rand zur Tortenmitte hin achtmal durch den Guß ziehen, so daß 16 Tortenstücke erkennbar sind, mit
halbierten Walnußkernen	garnieren den Guß fest werden lassen.

Linzer Torte

(Abb. oben)

200 g Weizenmehl	mit
1 gestrichenen Teel. Backpulver	mischen, auf die Tischplatte sieben, in die Mitte eine Vertiefung eindrücken
125 g Zucker 1 Päckchen Vanillin-Zucker 2 Tropfen Backöl Bittermandel 1 Messerspitze gemahlene Nelken 1 gestrichenen Teel. gemahlenen Zimt 1 Eiweiß ½ Eigelb	hineingeben, mit einem Teil des Mehls zu einem dicken Brei verarbeiten
125 g kalte Butter oder Margarine	in Stücke schneiden, auf den Brei geben
125 g gemahlene Mandeln oder Haselnußkerne	darüberstreuen, mit Mehl bedecken, von der Mitte aus alle Zutaten schnell zu einem glatten Teig verkneten, sollte er kleben, ihn eine Zeitlang kalt stellen knapp die Hälfte des Teiges zu einer Platte in der Größe einer Springform (Durchmesser etwa 28 cm) ausrollen, den übrigen Teig auf dem Springformboden ausrollen, mit
400 g Preiselbeerkonfitüre	bestreichen, dabei am Rand etwa 1 cm frei lassen, die Teigstreifen gitterförmig über die Konfitüre legen, den Rand ebenfalls mit Streifen belegen
½ Eigelb	mit
1 Teel. Milch	verschlagen, die Teigstreifen damit bestreichen die Form auf dem Rost in den vorgeheizten Backofen schieben
Strom:	175-200
Gas:	3-4
Backzeit:	25-30 Minuten die erkaltete Torte dünn mit
gesiebtem Puderzucker	bestäuben.

Dobos-Torte

(Abb. unten)

	Für den Teig
	8 Tortenböden herstellen
	dafür den Teig in 2 Portionen zubereiten
4 Eier	
2 Eßl. heißes Wasser	mit einem elektrischen Handrührgerät mit Rührbesen auf höchster Stufe in 1 Minute schaumig schlagen
100 g Zucker	
1 Päckchen Vanillin-Zucker	mischen, in 1 Minute einstreuen, dann noch etwa 2 Minuten schlagen
75 g Weizenmehl	auf die Eiercreme sieben, kurz auf niedrigster Stufe unterrühren
	den gefetteten Boden einer Springform (Durchmesser etwa 28 cm) mit Pergamentpapier auslegen, das Pergamentpapier ebenfalls fetten
	4-5 Eßl. Teig dünn daraufstreichen
	den Springformboden auf dem Rost in den vorgeheizten Backofen schieben
Strom:	Etwa 200
Gas:	Etwa 3
Backzeit:	Etwa 10 Minuten
	sofort nach dem Backen den Tortenboden auf ein mit
Zucker	bestreutes Stück Pergamentpapier

	stürzen, das Papier abziehen
	aus der restlichen Teigmenge auf die gleiche Weise 3 weitere Tortenböden backen
	wenn der erste Teig verbraucht ist, aus
4 Eigelb	
100 g Zucker	
1 Päckchen Vanillin-Zucker	
4 Eiweiß	
75 g Weizenmehl	die zweite Teighälfte herstellen und daraus, wie oben beschrieben, nochmals 4 Tortenböden backen
	die 8 Teigböden erkalten lassen
	für die Füllung
375 g Butter	geschmeidig rühren, nach und nach
100 g gesiebten Puderzucker	
Salz	unterrühren, nach Belieben
2 Teel. Instant-Kaffee	in
1 Eßl. heißem Wasser	auflösen, unterrühren
300 g halbbittere Kuvertüre	im heißen Wasserbad geschmeidig rühren, etwas abgekühlt mit
1-2 Eßl. Mokka-Likör	
1 Eigelb	unter die Buttermasse rühren
	etwa 3 Eßl. von der Creme in einen Spritzbeutel mit Sterntülle füllen, beiseite legen
	7 Tortenböden dünn mit der Buttercreme bestreichen, zu einer Torte zusammensetzen
	den Tortenrand ebenfalls mit der Creme bestreichen
	für die Glasur
150 g Zucker	in einem Stahltopf erhitzen, erst umrühren, wenn der Zucker fast geschmolzen ist, unter Rühren goldbraun werden lassen
	den zurückgelassenen Tortenboden auf ein Kuchenblech legen (glatte Seite nach oben), den anhaftenden Zucker mit einem Pinsel entfernen, die Karamelmasse daraufgießen, schnell verstreichen
	sobald die Karamelmasse etwas fest geworden ist, den Boden mit einem kalt abgespülten Messer in 12-16 Stücke schneiden
	auf der Tortenoberfläche 12-16 Tortenstücke mit einem Messer markieren
	mit der Creme aus dem Spritzbeutel an den Rand jedes markierten Tortenstückes einen Cremetuff spritzen
	die vorgeschnittenen Karamelstücke schräg daraufsetzen
	den Tortenrand mit
etwa 40 g abgezogenen, gehobelten Mandeln	bestreuen.

Käsetorte

(Abb. oben)

Für den Teig

150 g Weizenmehl auf die Tischplatte sieben, in die Mitte eine Vertiefung eindrücken

40 g Zucker
1 Päckchen Vanillin-Zucker hineingeben
100 g kalte Butter in Stücke schneiden, auf den Zucker geben
die Zutaten von der Mitte aus schnell zu einem glatten Teig verkneten
den Teig auf dem umgedrehten Boden einer Springform (Durchmesser etwa 28 cm) ausrollen, den Springformrand innen mit Alufolie auslegen, um den Boden legen

für den Belag

250 g weiche Butter geschmeidig rühren, nach und nach
200 g Zucker
1 Päckchen Vanillin-Zucker
7 Eigelb
Salz
abgeriebene Schale von 1 Zitrone (unbehandelt)
3 Eßl. Zitronensaft unterrühren
1 kg Magerquark mit
1 Päckchen Käsekuchenhilfe unter den Teig rühren
7 Eiweiß steifschlagen, unterheben
die Käsemasse auf dem Teigboden verteilen, glattstreichen
die Form auf dem Rost in den vorgeheizten Backofen schieben

Strom: 160-175
Gas: Etwa 2
Backzeit: 70-80 Minuten
den gebackenen Kuchen noch 30-45 Minuten im Backofen bei etwas geöffneter Backofentür ruhen lassen, erst dann herausnehmen und in der Form erkalten lassen.

Kaiserin-Friedrich-Torte

(In einer Rosettenform - Abb. links)

	Für den Teig
250 g Kokosfett	zerlassen, kalt stellen, etwas fest werden lassen
oder	
300 g Margarine	geschmeidig rühren
300 g Zucker	
1 Päckchen Vanillin-Zucker	hinzugeben, so lange rühren, bis Fett und Zucker weißschaumig geworden sind, dann nach und nach
5 Eier	
1 Eigelb	
½ Eiweiß	
3 Tropfen Backöl Bittermandel	
½ Fläschchen Rum-Aroma	
Salz	verrühren
300 g Weizenmehl	mit
75 g Speisestärke	
2 gestrichenen Teel. Backpulver	mischen, sieben, eßlöffelweise unterrühren
125 g gewürfeltes Zitronat (Sukkade)	unter den Teig heben, ihn in die gefettete Rosettenform (ersatzweise in eine Springform) füllen, auf dem Rost in den vorgeheizten Backofen schieben
Strom:	175-200
Gas:	2-3
Backzeit:	65-75 Minuten
	für den Guß
175 g Puderzucker	sieben, mit
½ Eiweiß	
etwa 3 Eßl. Zitronensaft	glattrühren, so daß eine dickflüssige Masse entsteht die erkaltete Torte mit dem Guß überziehen
50 g Zitronat (Sukkade)	in Blüten und Streifen schneiden, die Torte damit garnieren.

Spanische Vanille-Torte

(Abb. rechts)

	Für den Teig
150 g Marzipan-Rohmasse	in Stücke schneiden, mit
6 Eigelb	cremig rühren, nach und nach
100 g Zucker	
abgeriebene Schale von 1 Zitrone (unbehandelt)	
Mark von 2 Vanillestangen	
Salz	unterrühren
200 g Kuvertüre	grob hacken, mit
50 g abgezogenen, gehobelten Mandeln	vermengen, mit
9 Eßl. Marsala	beträufeln, mit
2 gestrichenen Teel. Backpulver	
75 g gesiebtem Weizenmehl	
75 g gesiebter Speisestärke	vermengen
5½ Eiweiß	steifschlagen Kuvertüremasse und Eierschnee abwechselnd unter die Marzipan-Eigelb-Masse heben den Teig in eine gefettete, mit Pergamentpapier ausgelegte Springform (Durchmesser etwa 24 cm) füllen, glattstreichen die Form auf dem Rost in den vorgeheizten Backofen schieben
Strom:	Etwa 175
Gas:	2-3
Backzeit:	Etwa 45 Minuten die Form auf einen Kuchenrost stürzen, erst nach etwa 8 Minuten die Form abheben
2 Eßl. Aprikosen-Konfitüre (ohne Fruchtstücke)	verrühren, die noch warme Torte ganz damit bestreichen
	für den Guß
150 g gesiebten Puderzucker	mit dem
Mark von 1 Vanillestange	
½ Eiweiß	
etwa 1 Eßl. Zitronensaft	glattrühren, die Torte ganz damit bestreichen
200 g Walnußkerne	grob hacken, auf die Torte streuen, am Rand etwas andrücken.

Fruchtige Nußtorte

	Für den Teig
6 Eier	mit einem elektrischen Handrührgerät mit Rührbesen auf höchster Stufe in 1 Minute schaumig schlagen
200 g Zucker	mit
1 Päckchen Vanillin-Zucker	
1 Messerspitze gemahlenem Zimt	mischen, in 1 Minute einstreuen, dann noch etwa 2 Minuten schlagen
75 g Grieß	mit
1 Eßl. Kakao	
125 g gemahlenen Haselnußkernen	mischen, die Hälfte davon auf die Eiercreme geben, kurz auf niedrigster Stufe unterrühren den Rest des Grieß-Haselnußkern-Gemisches auf dieselbe Weise unterarbeiten
250 g geschälte, geraspelte Äpfel	unterheben den Teig in eine gefettete, mit Pergamentpapier ausgelegte Springform (Durchmesser etwa 28 cm) füllen, glattstreichen die Form auf dem Rost in den vorgeheizten Backofen schieben
Strom:	175-200
Gas:	3-4
Backzeit:	30-35 Minuten die Torte sofort nach dem Backen aus der Form lösen, erkalten lassen, mit
etwa 3 Eßl. Apfelgelee	bestreichen
	für den Guß
100 g zartbittere Schokolade	mit
etwas Kokosfett	in einem kleinen Topf im heißen Wasserbad geschmeidig rühren die Torte ganz damit bestreichen, den Rand der Tortenoberfläche mit
in Scheiben geschnittenen Haselnußkernen	bestreuen.

Anna-Torte

(Abb. links)

250 g Butter oder Margarine	geschmeidig rühren, nach und nach
250 g Zucker	
1 Päckchen Vanillin-Zucker	
4 Eier	
½ Fläschchen Rum-Aroma	unterrühren
250 g Weizenmehl	mit
1½ gestrichene Teel. Backpulver	mischen, sieben, eßlöffelweise unterrühren
125 g geriebene zartbittere Schokolade	mit
100 g abgezogenen, gemahlenen Mandeln	
50 g feingewürfeltem Zitronat (Sukkade)	mischen, unterrühren den Teig in eine gefettete Springform (Rand nicht fetten, Durchmesser etwa 28 cm) füllen die Form auf dem Rost in den vorgeheizten Backofen schieben
Strom:	175-200
Gas:	3-4
Backzeit:	Etwa 1 Stunde das erkaltete Gebäck mit
gesiebtem Puderzucker	bestäuben.

Schichttorte, gegrillt

(Abb. rechts)

	Für den Teig
250 g Butter oder Margarine	geschmeidig rühren, nach und nach
250 g Zucker	
1 Päckchen Vanillin-Zucker	
2 Eier	
4 Eigelb	

4-5 Eßl. Rum oder Weinbrand	unterrühren
150 g Weizenmehl	mit
100 g Speisestärke 3 gestr. Teel. Backpulver	mischen, sieben, eßlöffelweise unterrühren
4 Eiweiß	steifschlagen, zuletzt unter den Teig heben den gefetteten Boden einer Springform (Durchmesser etwa 28 cm) mit Pergamentpapier auslegen 1 gut gehäuften Eßl. Teig gleichmäßig mit einem Pinsel daraufstreichen die Form auf dem Rost in den Backofen schieben (Abstand zwischen Grill und Teigschicht etwa 20 cm) die Teigschicht unter dem vorgeheizten Grill hellbraun backen
Grillzeit:	
Strom:	Etwa 2 Minuten
Gas:	Etwa 2 Minuten als zweite Schicht wieder 1-2 Eßl. Teig auf die gebackene Schicht streichen, die Form wieder unter den Grill schieben auf diese Weise den ganzen Teig verarbeiten (die Einschubhöhe nach Möglichkeit so verändern, daß der Abstand von etwa 20 cm zwischen Grill und Teigschicht bestehen bleibt) den fertigen Kuchen mit einem Messer vorsichtig vom Rand der Form lösen, auf ein Backblech stürzen, das Papier abziehen, sofort noch etwa 5 Minuten in den heißen Backofen schieben

für den Zuckerguß

etwa 125 g gesiebten Puderzucker	mit
3-4 Eßl. Zitronensaft	verrühren, die Torte damit überziehen

für den Schokoladenguß

etwa 30 g Schokolade	mit
etwa 10 g Kokosfett	in einem kleinen Topf im heißen Wasserbad zu einer geschmeidigen Masse verrühren, den Guß in ein Pergamentpapiertütchen füllen und ihn auf den noch feuchten Puderzuckerguß in Form einer Spirale (von der Tortenmitte ausgehend) spritzen ein spitzes Holzstäbchen in gleichmäßigen Abständen achtmal von der Tortenmitte zum Rand durch den noch feuchten Guß ziehen, diese Tortenachtel nochmals unterteilen, dazu das Hölzchen nun vom Rand zur Tortenmitte hin achtmal durch den Guß ziehen, so daß 16 Tortenstücke erkennbar sind den Guß fest werden lassen.
Tip:	Die Schichttorte oder Stücke davon können - in Alufolie verpackt - einige Wochen im Kühlschrank aufbewahrt werden. Ideal, wenn überraschend Gäste kommen.

Belgrader Torte
(Abb. oben)

	Für den Teig
100 g Marzipan-Rohmasse	mit
2–3 Eßl. Wasser	mit einem elektrischen Handrührgerät mit Rührbesen verrühren
6 Eigelb	hinzufügen, cremig schlagen, nach und nach
50 g Zucker	
Salz	
abgeriebene Schale von 1 Zitrone (unbehandelt)	unterrühren
5 Eiweiß	steifschlagen, nach und nach
50 g Zucker	unterschlagen, die Eiweißmasse auf die Eigelbcreme geben
100 g Weizenmehl	mit
1 gestrichenen Teel. Backpulver	mischen, darübersieben, kurz auf niedrigster Stufe unterrühren den Teig in eine gefettete, mit Pergamentpapier ausgelegte Springform (Durchmesser etwa 28 cm) füllen, glattstreichen die Form auf dem Rost in den vorgeheizten Backofen schieben
Strom:	175–200
Gas:	3–4
Backzeit:	Etwa 30 Minuten sofort nach dem Backen den Tortenboden aus der Form lösen,

auf einen Kuchenrost stürzen, das Papier abziehen, den Tortenboden erkalten lassen, einmal durchschneiden den unteren Tortenboden mit

3 Eßl. Orangenlikör	beträufeln
2 gehäufte Eßl. Aprikosen-Konfitüre	mit
2 Eßl. Orangenlikör	verrühren, den beträufelten Tortenboden damit bestreichen, den oberen Boden darauflegen, mit
3 Eßl. Orangenlikör	beträufeln
3 Eßl. Aprikosen-Konfitüre	durch ein Sieb streichen, mit
1 Eßl. Wasser	
1 Eßl. Orangenlikör	verrühren, zum Kochen bringen, die Torte ganz damit bestreichen
100 g Marzipan-Rohmasse	mit
50 gesiebten Puderzucker	verkneten, in der Größe der Tortenoberfläche ausrollen, auf die Torte legen
	für den Guß
175 g Puderzucker	
1–2 Eßl. Instant-Kaffee	in
1–2 Teel. Rum	auflösen, mit
1 Eiweiß	zu dem Puderzucker geben, zu einem dickflüssigen Guß verrühren, 1 Eßl. von dem Guß abnehmen, beiseite stellen, mit dem restlichen Guß die Torte ganz bestreichen den zurückgelassenen Guß mit
1 Teel. gesiebten Kakao	verrühren, evtl. einige Tropfen Wasser hinzufügen, in eine kleine Pergamentpapiertüte geben, von der Tüte eine Spitze abschneiden die Torte mit dem Guß aus der Tüte verzieren.
Beigabe:	Leicht gesüßte, geschlagene Sahne.

Orangen-Torte

(Abb. rechts)

2 große Orangen (unbehandelt)	heiß abwaschen, die Schale hauchdünn abreiben, etwas von der Schale in Streifen schneiden, beiseite stellen die Orangen auspressen, 125 ml (⅛ l) davon abmessen, mit der abgeriebenen Orangenschale vermengen, den Orangensaft erhitzen
50 g Zucker	darin auflösen
4 Eßl. Orangen-Likör	hinzugießen, zugedeckt beiseite stellen
	für den Teig
250 g weiche Butter	geschmeidig rühren, nach und nach
200 g Zucker	
4 Eier, Salz	unterrühren
250 g Weizenmehl	mit
1 Messerspitze Backpulver	mischen, sieben, eßlöffelweise unterrühren den Teig in eine gut gefettete Springform (Durchmesser etwa 22 cm) füllen, glattstreichen die Form auf dem Rost in den vorgeheizten Backofen schieben
Strom:	175–200
Gas:	Etwa 3
Backzeit:	Etwa 45 Minuten die gebackene Torte in der Form lassen, mehrmals mit einer Gabel einstechen, mit der Orangen-Likör-Mischung tränken, erkalten lassen die Torte aus der Form lösen, auf einen Kuchenrost setzen
100 g bittere Orangen-Marmelade	verrühren, die Torte ganz damit bestreichen
etwa 150 g kandierte Orangenscheiben	halbieren, die Tortenoberfläche damit belegen, einige Hälften zum Garnieren zurücklassen
	für den Guß
100–150 g dunkle Kuchenglasur	in einem kleinen Topf im heißen Wasserbad geschmeidig rühren die Torte ganz damit bestreichen den Tortenrand mit den zurückgelassenen Orangenscheiben-Hälften garnieren die Tortenoberfläche mit den zurückgelegten Orangenschalen-Streifen bestreuen.

Schnelle Nußtorte

6 Eier	mit einem elektrischen Handrührgerät mit Rührbesen auf höchster Stufe etwa 1 Minute schlagen
100 g Zucker	
1 Päckchen Vanillin-Zucker	mischen, in 1 Minute einstreuen, dann noch etwa 2 Minuten schlagen
150 g gemahlene Haselnußkerne	mit
etwa 50 g Semmelmehl	mischen, die Hälfte davon auf die Eiercreme geben, kurz auf niedrigster Stufe unterrühren den Rest des Semmelmehl-Nuß-Gemisches auf dieselbe Weise unterarbeiten den Teig in eine gut gefettete, mit Pergamentpapier ausgelegte Springform (Durchmesser etwa 26 cm) füllen, glattstreichen die Form auf dem Rost in den vorgeheizten Backofen schieben
Strom:	175-200
Gas:	3-4
Backzeit:	35-40 Minuten sofort nach dem Backen die Torte aus der Form lösen, auf einen Kuchenrost stürzen, das Pergamentpapier abziehen, die Torte erkalten lassen, in Alufolie verpackt 1-2 Tage an einem kühlen Ort stehen lassen
	für den Guß
150 g zartbittere Schokolade	mit
etwas Kokosfett	in einem kleinen Topf im heißen Wasserbad geschmeidig rühren die Torte damit bestreichen, den Guß fest werden lassen die Nußtorte mit
geschlagener Sahne	servieren.

Meraner Nußtorte

(Abb. rechts)

50 g Marzipan-Rohmasse	mit etwas von
6 Eigelb	mit einem elektrischen Handrührgerät mit Rührbesen glattrühren das restliche Eigelb unterrühren
100 g Zucker	
1 Päckchen Vanillin-Zucker	
Salz	hinzufügen, dickcremig rühren
abgeriebene Schale von ½ Zitrone (unbehandelt)	
1 gestrichenen Teel. gemahlenen Zimt	unterrühren
6 Eiweiß	steifschlagen, dabei nach und nach
100 g Zucker	unterschlagen, auf die Eigelbcreme geben
100 g gemahlene Haselnußkerne	
200 g gemahlene, geröstete Haselnußkerne	daraufgeben
100 g Semmelmehl	
25 g Weizenmehl	mit
2 gestrichenen Teel. Backpulver	mischen, darübersieben, alles vorsichtig unter die Eigelbcreme ziehen (nicht rühren) den Teig in eine gefettete, mit Pergamentpapier ausgelegte Springform (Durchmesser etwa 26 cm) füllen, die Form auf dem Rost in den vorgeheizten Backofen schieben
Strom:	175-200
Gas:	3-4
Backzeit:	Etwa 45 Minuten den Tortenboden auf einen Kuchenrost stürzen, das Pergamentpapier abziehen, den Tortenboden erkalten lassen
	für den Knetteig
100 g Weizenmehl	mit
1 Messerspitze Backpulver	mischen, auf die Tischplatte sieben, in die Mitte eine Vertiefung eindrücken
2 Eßl. Zucker	hineingeben
75 g kalte Butter oder Margarine	in Stücke schneiden, auf den Zucker geben, von der Mitte aus alle Zutaten schnell zu einem glatten Teig verkneten, sollte er kleben, ihn eine Zeitlang kalt stellen den Teig auf dem umgedrehten, gefetteten Boden einer Springform (Durchmesser etwa 28 cm) ausrollen, einige Male mit einer Gabel einstechen, in den vorgeheizten Backofen schieben
Strom:	200-225
Gas:	3-4
Backzeit:	Etwa 15 Minuten den Knetteigboden sofort nach dem Backen vom Springformboden lösen, erkalten lassen, mit
2 Eßl. Johannisbeergelee	bestreichen
75 g Zucker	mit
125 ml (⅛ l) Wasser	unter Rühren zum Kochen bringen, kochen, bis sich der Zucker gelöst hat, abkühlen lassen
200 ml (⅕ l) Rum	hinzugießen den Nußboden auf den Knetteigboden legen, einige Male mit einer Gabel einstechen, Rand und Tortenoberfläche mit der Rum-Zuckerlösung bestreichen
3 Eßl. Johannisbeergelee	geschmeidig rühren, Tortenrand und

-oberfläche damit bestreichen

150 g Marzipan-Rohmasse mit
75 g gesiebtem Puderzucker verkneten, die Masse auf
gesiebtem Puderzucker dünn ausrollen
zuerst die Decke für die Tortenoberfläche ausschneiden, auf die Tortenoberfläche legen, festdrücken
die Reste verkneten, erneut ausrollen, Streifen für den Tortenrand ausschneiden, um den Tortenrand legen, festdrücken

etwa 125 g Haselnußglasur im Wasserbad geschmeidig rühren, die Torte damit bestreichen

2–3 Eßl. gesiebten Puderzucker mit
Eiweiß verrühren, bis ein zähflüssiger Guß entstanden ist, den Guß in ein Pergamentpapier-Tütchen füllen
von der Tüte eine Spitze abschneiden, die Torte mit dem Guß verzieren, mit
gesiebtem Kakao bestäuben, mit
Marzipanblüten garnieren.

Plätzchen

Vanillekipferl

(Abb. rechts)

250 g Weizenmehl	
1 Messerspitze	
Backpulver	mischen, auf die Tischplatte sieben, in die Mitte eine Vertiefung eindrücken
125 g Zucker	
1 Päckchen	
Vanillin-Zucker	
3 Eigelb	hineingeben, mit einem Teil des Mehls zu einem dicken Brei verarbeiten
200 g kalte Butter	in Stücke schneiden
125 g abgezogene,	
gemahlene Mandeln	beide Zutaten auf den Brei geben, mit Mehl bedecken, von der Mitte aus alle Zutaten zu einem glatten Teig verkneten aus dem Teig daumendicke Rollen formen, gut 2 cm lange Stücke davon abschneiden, diese zu etwa 5 cm langen Rollen formen, die Enden etwas dünner rollen, als Hörnchen auf ein Backblech legen, in den vorgeheizten Backofen schieben
Strom:	175-200
Gas:	3-4
Backzeit:	Etwa 10 Minuten
etwa 50 g	
Puderzucker	sieben, mit
1 Päckchen	
Vanillin-Zucker	mischen, die noch heißen Kipferl darin wälzen.

Ischeler Törtchen

(Abb. links)

	Für den Teig	
350 g Weizenmehl	auf die Tischplatte sieben, in die Mitte eine Vertiefung eindrücken	
100 g gesiebten Puderzucker **1 Päckchen Vanillin-Zucker** **2 Eigelb** **1 Messerspitze gemahlenen Zimt** **abgeriebene Schale von ½ Zitrone (unbehandelt)**	hineingeben, mit einem Teil des Mehls zu einem dicken Brei verarbeiten	
300 g kalte Butter	in Stücke schneiden, auf den Brei geben	
200 g abgezogene, gemahlene Mandeln	daraufgeben, von der Mitte aus alle Zutaten schnell zu einem glatten Teig verkneten den Teig einige Stunden kalt stellen, etwa 2-3 mm dick ausrollen, runde Plätzchen (Durchmesser etwa 6 cm) ausstechen, dabei bei der Hälfte der Plätzchen in der Mitte ein Loch von etwa 1½ cm Durchmesser ausstechen die Plätzchen und die Plätzchenringe auf ein mit Backtrennpapier belegtes Backblech legen, in den vorgeheizten Backofen schieben	
Strom:	175-200	
Gas:	3-4	
Backzeit:	Etwa 10 Minuten die erkalteten Plätzchen mit	
Himbeer-Konfitüre	bestreichen, die Plätzchenringe mit	
gesiebtem Puderzucker	bestäuben, auf die Plätzchen legen.	

Williams-Plätzchen

(Abb. S. 98/99)

	Für den Teig
175 g Weizenmehl	mit
1 Messerspitze Backpulver	mischen, auf die Tischplatte sieben, in die Mitte eine Vertiefung eindrücken
40 g Zucker	mit
1 Päckchen Vanillin-Zucker **Salz** **2 Eßl. Milch**	hineingeben, mit einem Teil des Mehls zu einem dicken Brei verarbeiten
100 g kalte Butter	in Stücke schneiden, auf den Brei geben, mit Mehl bedecken, von der Mitte aus alle Zutaten schnell zu einem glatten Teig verkneten, sollte er kleben, ihn eine Zeitlang kalt stellen, den Teig knapp ½ cm dick ausrollen, gezackte Plätzchen (Durchmesser etwa 3 cm) ausstechen, die Plätzchen auf eingefettetes mit Back-Trennpapier ausgelegtes Backblech legen, in den vorgeheizten Backofen schieben
Strom:	Etwa 200
Gas:	Etwa 4
Backzeit:	10-12 Minuten
	zum Bestreichen
2 Eßl. Aprikosen-Konfitüre	durch ein Sieb streichen, die erkalteten Plätzchen damit bestreichen
200 g Vollmilch-Kuvertüre	in einem kleinen Topf im heißen Wasserbad auflösen, etwas abkühlen lassen
65 g weiche Butter	geschmeidig rühren
2 Eßl. gesiebten Puderzucker **2 Eßl. Williams-Birnengeist**	unterrühren, die Kuvertüre hinzufügen, mit dem elektrischen Handrührgerät dick-cremig rühren, die Masse in einen Spritzbeutel mit gezackter Tülle füllen, Ringe auf die Plätzchen spritzen
3 Eßl. gesiebten Puderzucker	mit
4-5 Teel. Williams-Birnengeist	verrühren, etwas davon mit einer Messerspitze in die Mitte der Schokoladenringe geben, die Spritzmasse im Kühlschrank fest werden lassen, die Plätzchen in gut schließenden Dosen aufbewahren.

Busserl
(Abb. rechts)

2 Eiweiß	steifschlagen, der Schnee muß so fest sein, daß ein Messerschnitt sichtbar bleibt, nach und nach
100 g feinkörnigen Zucker	unterschlagen
1 gestrichenen Eßl. Kakao	sieben, mit
50 g zartbitterer feingeschnittener Schokolade	vorsichtig unterheben mit 2 Teelöffeln walnußgroße Häufchen auf ein gefettetes Backblech setzen, in den vorgeheizten Backofen schieben
Strom:	130-150
Gas:	1-2
Backzeit:	25-35 Minuten.

Florentiner Plätzchen

	Für den Teig
150 g Weizenmehl	mit
½ gestrichenen Teel. Backpulver	mischen, auf die Tischplatte sieben, in die Mitte eine Vertiefung eindrücken
50 g Zucker 1 Päckchen Vanillin-Zucker 1 Ei 2 Eßl. Wasser	hineingeben, mit einem Teil des Mehls zu einem dicken Brei verarbeiten
75 g kalte Butter oder Margarine	in Stücke schneiden, auf den Brei geben, mit Mehl bedecken, von der Mitte aus alle Zutaten schnell zu einem glatten Teig verkneten, sollte er kleben, ihn eine Zeitlang kalt stellen den Teig etwa 3 mm dick ausrollen, runde Plätzchen (Durchmesser etwa 5 cm) ausstechen, auf ein gefettetes Backblech legen, in den vorgeheizten Backofen schieben, hellgelb vorbacken
Strom:	200-225
Gas:	3-4
Backzeit:	Etwa 8 Minuten
	für den Belag
50 g Butter	mit
100 g Zucker 1 Päckchen Vanillin-Zucker 2 Eßl. Honig	so lange erhitzen, bis die Masse leicht gebräunt ist
125 ml (⅛ l) Schlagsahne	hinzufügen, rühren, bis der Zucker gelöst ist

100 g abgezogene, gehobelte Mandeln 100 g in Scheiben geschnittene Haselnußkerne 25 g in Stücke geschnittene Belegkirschen	dazugeben, so lange unter Rühren kochen lassen, bis die Masse gebunden ist die Masse mit 2 Teelöffeln auf die vorgebackenen Plätzchen verteilen, das Backblech in den vorgeheizten Backofen schieben
Strom:	175-200
Gas:	3-4
Backzeit:	Etwa 10 Minuten
	für den Guß
75 g dunkle Kuvertüre	in einem kleinen Topf im heißen

Wasserbad zu einer geschmeidigen Masse verrühren, die erkalteten Plätzchen auf der Unterseite damit bestreichen.

Vanilleringe

250 g Weizenmehl	mit
1 gestrichenen Teel. Backpulver	mischen, auf die Tischplatte sieben, in die Mitte eine Vertiefung eindrücken
75 g Zucker	
1 Päckchen Vanillin-Zucker	
½ Fläschchen Rum-Aroma	
1 Ei	hineingeben, mit einem Teil des Mehls zu einem dicken Brei verarbeiten
125 g kalte Butter	in Stücke schneiden, auf den Brei geben, mit Mehl bedecken, von der Mitte aus alle Zutaten schnell zu einem glatten Teig verkneten, sollte er kleben, ihn eine Zeitlang kalt stellen den Teig dünn ausrollen, zunächst mit einer runden Form (Durchmesser etwa 5 cm) ausstechen, die Teigplätzchen mit einer kleineren Form dann so ausstechen, daß Ringe entstehen, auf ein gefettetes Backblech legen, in den vorgeheizten Backofen schieben
Strom:	175-200
Gas:	3-4
Backzeit:	8-10 Minuten die Hälfte der erkalteten Ringplätzchen auf der Unterseite dünn mit
Konfitüre	bestreichen, die anderen mit der Unterseite darauflegen, leicht andrücken
etwas Kuvertüre	in einem kleinen Topf im heißen Wasserbad geschmeidig rühren, die Ringe zur Hälfte hineintauchen.

Weinplätzchen

(Abb. oben)

Für den Teig

325 g Weizenmehl auf die Tischplatte sieben, in die Mitte eine Vertiefung eindrücken

125 g Zucker
1 Päckchen Vanillin-Zucker
3 Eßl. Weißwein hineingeben, mit einem Teil des Mehls zu einem dicken Brei verarbeiten

200 g kalte Butter in Stücke schneiden, auf den Brei geben, mit Mehl bedecken, von der Mitte aus alle Zutaten schnell zu einem glatten Teig verkneten, sollte er kleben, ihn eine Zeitlang kalt stellen, den Teig etwa 3 mm dick ausrollen, mit einer runden Form (Durchmesser etwa 4 cm) ausstechen, auf ein Backblech legen

für den Belag

2 Eiweiß steifschlagen, der Schnee muß so fest sein, daß ein Messerschnitt sichtbar bleibt, die Teigplätzchen damit bestreichen

60 g Zucker
etwas gemahlenen Zimt mischen, die Plätzchen damit und mit

abgezogenen, gehackten Mandeln bestreuen, das Backblech in den vorgeheizten Backofen schieben

Strom: 175-200
Gas: 3-4
Backzeit: 10-15 Minuten.

Terrassen

(Abb. rechts)

300 g Weizenmehl mit
2 gestrichenen Teel. Backpulver mischen, auf die Tischplatte sieben, in die Mitte eine Vertiefung eindrücken

100 g Zucker
1 Päckchen Vanillin-Zucker, 1 Ei hineingeben, mit einem Teil des Mehls zu einem dicken Brei verarbeiten

150 g kalte Butter in Stücke schneiden, auf den Brei geben, mit Mehl bedecken, von der Mitte aus alle Zutaten schnell zu einem glatten Teig verkneten, sollte er kleben, ihn eine Zeitlang kalt stellen

den Teig dünn ausrollen, Plätzchen von gleicher Form, aber in drei verschiedenen Größen (die gleiche Anzahl von jeder Größe) ausstechen, auf ein Backblech legen, in den vorgeheizten Backofen schieben

Strom: 175–200, **Gas:** 3–4
Backzeit: 8–10 Minuten

von je drei Plätzchen verschiedener Größe die beiden kleinen auf der Unterseite mit

Gelee oder Konfitüre (durch ein Sieb gestrichen) bestreichen, terrassenförmig auf das größte setzen, die Plätzchen mit

Puderzucker bestäuben, mit einem Konfitüretüpfchen garnieren.

Nuß- oder Kokosecken

Für den Teig

150 g Weizenmehl mit
½ gestrichenen Teel. Backpulver mischen, auf die Tischplatte sieben, in die Mitte eine Vertiefung eindrücken

65 g Zucker
1 Päckchen Vanillin-Zucker, 1 Ei hineingeben, mit einem Teil des Mehls zu einem dicken Brei verarbeiten

65 g kalte Margarine in Stücke schneiden, auf den Brei geben, mit Mehl bedecken, von der Mitte aus alle Zutaten schnell zu einem glatten Teig verkneten, sollte er kleben, ihn eine Zeitlang kalt stellen, den Teig zu einem Rechteck von etwa 32 × 24 cm auf einem gefetteten Backblech ausrollen, mit

2 Eßl. Aprikosen-Konfitüre bestreichen

für den Belag

100 g Butter mit
100 g Zucker
1 Päckchen Vanillin-Zucker
2 Eßl. Wasser langsam erwärmen, zerlassen

100 g gemahlene Haselnußkerne
100 g gehackte Haselnußkerne oder
200 g Kokosraspeln unterrühren, kurz aufkochen, etwas abkühlen lassen, gleichmäßig auf dem Teig verteilen, vor den Teig ein mehrfach umgeknicktes Stück Alufolie legen, in den vorgeheizten Backofen schieben

Strom: 175–200, **Gas:** 3–4
Backzeit: 20–30 Minuten

das Gebäck etwas abkühlen lassen, in Vierecke von 8 × 8 cm schneiden, diese so in Hälften teilen, daß Dreiecke entstehen

für den Guß

50 g Kuvertüre in einem kleinen Topf im heißen Wasserbad bei schwacher Hitze zu einer geschmeidigen Masse verrühren, die beiden spitzen Ecken des Gebäcks damit bestreichen.

Anisplätzchen

3 Eier	schaumig schlagen, nach und nach
200 g Zucker 1 Päckchen Vanillin-Zucker	hinzugeben, so lange schlagen, bis eine dicke cremeartige Masse entstanden ist, nach etwa 15 Minuten
125 g Weizenmehl	mit
125 g Speisestärke	mischen, sieben, eßlöffelweise mit
15 g gemahlenem Anissamen	unter die Creme rühren von dem Teig mit 2 Teelöffeln Häufchen auf gefettete, mit
Weizenmehl	bestäubte Backbleche setzen (genügend Zwischenraum lassen!) die Bleche mit den Teighäufchen über Nacht nebeneinander (nicht übereinanderstellen) in einem warmen Raum trocknen lassen die Bleche am anderen Tag in den vorgeheizten Backofen schieben
Strom:	130-150
Gas:	1-2
Backzeit:	Etwa 35 Minuten.

Spritzgebäck

(Abb. unten)

375 g weiche Butter	mit dem Handrührgerät mit Rührbesen auf höchster Stufe in etwa ½ Minute geschmeidig rühren, nach und nach
250 g Zucker 2 Päckchen Vanillin-Zucker Salz	unterrühren, so lange rühren, bis eine gebundene Masse entstanden ist
500 g Weizenmehl	sieben, ⅔ davon eßlöffelweise auf mittlerer Stufe unterrühren den Teigbrei mit dem Rest des Mehls,
125 g abgezogenen, gemahlenen Mandeln	auf der Tischplatte zu einem glatten Teig verkneten, zu Rollen formen, diese in die Gebäck-Presse geben, auf ein Backblech spritzen, nach Belieben
10 g Kakao	sieben, mit
10 g Zucker	mischen, unter knapp ⅓ des Teiges kneten, etwas von dem dunklen Teig mit hellem Teig in die Gebäck-Presse geben, auf ein Backblech spritzen, in den vorgeheizten Backofen schieben
Strom:	175-200
Gas:	3-4
Backzeit:	Etwa 10 Minuten
Veränderung:	Den Teig durch einen Fleischwolf mit Spezialvorsatz drehen, als Stangen, S-Formen oder Kränzchen auf ein Backblech legen, die Enden in aufgelöste Schokolade tauchen oder zur Hälfte damit bestreichen.

Englisches Teegebäck

(Abb. rechts)

250 g weiche Butter	mit
100 g Marzipan- Rohmasse	mit einem elektrischen Handrührgerät mit Knethaken verkneten
100 g braunen Rohrzucker	hinzufügen
250 g Weizenmehl	sieben, zunächst die Hälfte davon unterkneten das restliche Mehl auf die gleiche Weise unterarbeiten den Teig zu einer Rolle formen, 2-3 Stunden kalt stellen den Teig etwa 1-1½ cm dick ausrollen, in Streifen von etwa 1½ × 6 cm schneiden, die Teigstreifen etwa 30 Minuten kalt stellen, auf ein gut gefettetes Backblech legen auf jeden Teigstreifen mit einer Gabel ein Muster einstechen die Teigstreifen mit
Rohrzucker oder Zucker	bestreuen, das Backblech in den vorgeheizten Backofen schieben
Strom:	150-175
Gas:	Etwa 2
Backzeit:	25-30 Minuten.

Regulador
de origen
SHERRY

Würzige Fruchtplätzchen

(Abb. oben)

75 g Butter	geschmeidig rühren, nach und nach
150 g Zucker	
1 Päckchen Vanillin-Zucker	
2 Eier	
Salz	
je 1 gut gehäufte Messerspitze gemahlenen Kardamom	
gemahlenen Zimt	unterrühren
250 g Weizenmehl	mit
1 gestrichenen Teel. Backpulver	mischen, sieben, eßlöffelweise unterrühren
30 g gewürfeltes Zitronat (Sukkade)	
30 g gewürfeltes Orangeat	
75 g abgezogene, gehackte Mandeln	unter den Teig heben mit 2 Teelöffeln Teighäufchen auf ein mit Alufolie belegtes Backblech setzen das Backblech in den vorgeheizten Backofen schieben
Strom:	175-200
Gas:	3-4
Backzeit:	10-15 Minuten
	für den Guß
150 g gesiebten Puderzucker	mit
3-4 Eßl. Zitronensaft	zu einer dickflüssigen Masse verrühren, die erkalteten Plätzchen dünn damit bestreichen.

Marzipanwürfel

	Für den Teig
150 g Weizenmehl	mit
½ gestrichenen Teel. Backpulver	mischen, auf die Tischplatte sieben, in die Mitte eine Vertiefung drücken
65 g Zucker	
1 Päckchen Vanillin-Zucker	
1 Ei	(die Hälfte des Eiweißes zurücklassen) hineingeben, mit einem Teil des Mehls zu einem dicken Brei verarbeiten
65 g kalte Butter oder Margarine	in Stücke schneiden, auf den Brei geben, mit Mehl bedecken, von der Mitte aus alle Zutaten schnell zu einem glatten Teig verkneten, sollte er kleben, ihn eine Zeitlang kalt stellen den Teig in der Größe von 25 × 25 cm auf einem Backblech ausrollen, mehrmals mit einer Gabel einstechen, das Backblech in den vorgeheizten Backofen schieben, nur hellgelb backen
Strom:	200-225
Gas:	3-4
Backzeit:	10-15 Minuten
etwa 100 g Aprikosen-Konfitüre	durch ein Sieb streichen, die gut ausgekühlte Gebäckplatte damit bestreichen
	für den Belag
150 g Puderzucker	sieben, mit
250 g Marzipan-Rohmasse	verkneten, auf
gesiebtem Puderzucker	in der Größe von 25 × 25 cm ausrollen, die Marzipanplatte auf die Gebäckplatte legen, gut andrücken, mit einem Messerrücken oder kleinen Förmchen Verzierungen eindrücken die obere Seite mit dem zurückgelassenen Eiweiß leicht bestreichen das Backblech auf die oberste Schiene in den vorgeheizten Backofen schieben, leicht überbacken
Strom:	Etwa 250
Gas:	Etwa 8
Backzeit:	10-15 Minuten das Gebäck erkalten lassen, in Würfel schneiden
	für den Guß
etwa 200 g dunkle Kuvertüre	in einem kleinen Topf im heißen Wasserbad bei schwacher Hitze zu einer geschmeidigen Masse verrühren, die Marzipanwürfel bis zur Hälfte hineintauchen.

Eierkränzchen

(Abb. oben)

250 g Butter oder Margarine	geschmeidig rühren, nach und nach
125 g Zucker	
2 Päckchen Vanillin-Zucker	
1 Ei	
3 Eigelb	unterrühren
250 g Weizenmehl	mit
150 g Speisestärke	mischen, sieben, eßlöffelweise unterrühren, den Teig in einen Spritzbeutel mit gezackter Tülle füllen, in Form von Kränzchen (Durchmesser etwa 4 cm) auf ein gefettetes Backblech spritzen
200 g Belegkirschen, rot und grün	in Streifen schneiden, die Teigkränzchen damit belegen, in den vorgeheizten Backofen schieben
Strom:	175-200
Gas:	3-4
Backzeit:	Etwa 12 Minuten.
Verpackungsvorschlag zum Verschenken:	Die Eierkränzchen in flache, buntbemalte Blechdosen geben, in Geschenkpapier einwickeln, mit Schleifenband zusammenbinden oder die Eierkränzchen in Spankörbchen geben die Körbchen mit Stoff- oder Papierservietten umwickeln, mit Schleifenband zusammenbinden. Bunte Geschenkanhänger in Herzform ausschneiden, beschriften, am Schleifenband befestigen.

Friesenkeks, hell oder dunkel

(Abb. oben)

	Für den hellen Teig
250 g Weizenmehl	mit
1 gestrichenen Teel. Backpulver	mischen, auf die Tischplatte sieben, in die Mitte eine Vertiefung eindrücken
100 g Zucker **1 Päckchen Vanillin-Zucker** **1 Fläschchen Rum-Aroma** **2 Eßl. Wasser**	hineingeben, mit einem Teil des Mehls zu einem dicken Brei verarbeiten
100 g kalte Butter	in Stücke schneiden, auf den Brei geben, mit Mehl bedecken, von der Mitte aus alle Zutaten schnell zu einem glatten Teig verkneten
oder	
	für den dunklen Teig
250 g Weizenmehl	mit
30 g Kakao **1 gestrichenen Teel. Backpulver**	mischen, auf die Tischplatte sieben, in die Mitte eine Vertiefung eindrücken
100 g Zucker **1 Päckchen Vanillin-Zucker** **1 Fläschchen Rum-Aroma** **3 Eßl. Wasser**	hineingeben, mit einem Teil des Mehls zu einem dicken Brei verarbeiten
125 g kalte Butter oder Margarine	in Stücke schneiden, auf den Brei geben, mit Mehl bedecken, von der Mitte aus alle Zutaten schnell zu einem glatten Teig verkneten aus den Teigen je 2-3 cm dicke Rollen formen, in
grobem Zucker	wälzen, so lange kalt stellen, bis sie hart geworden sind, in ½ cm dicke Scheiben schneiden, die obere Seite in groben Zucker drücken, auf ein gefettetes Backblech legen, in den vorgeheizten Backofen schieben
Strom:	175-200
Gas:	3-4
Backzeit:	Etwa 10 Minuten. Friesenkekse, hell oder dunkel, mit friesischem Tee servieren.

Schwarz-Weiß-Gebäck

(Abb. rechts)

	Für den hellen Teig
250 g Weizenmehl	mit
1 gestrichenen Teel. Backpulver	mischen, auf die Tischplatte sieben, in die Mitte eine Vertiefung eindrücken
150 g Zucker **1 Päckchen Vanillin-Zucker** **1 Fläschchen Rum-Aroma** **1 Ei**	hineingeben, mit einem Teil des Mehls zu einem dicken Brei verarbeiten
125 g kalte Butter oder Margarine	in Stücke schneiden, auf den Brei geben, mit Mehl bedecken, von der Mitte aus alle Zutaten schnell zu einem glatten Teig verkneten, sollte er kleben, ihn eine Zeitlang kalt stellen
	für den dunklen Teig
20 g Kakao **15 g Zucker** **1 Eßl. Milch**	verrühren, unter die Hälfte des Teiges kneten

die beiden Teige folgendermaßen zusammensetzen:

für ein Schneckenmuster
den hellen und den dunklen Teig zu gleichmäßig großen Rechtecken ausrollen, eines dünn mit

Eiweiß bestreichen, das zweite darauf legen, ebenfalls bestreichen, fest zusammenwickeln

für ein Schachbrettmuster
aus dem je 1 cm dick ausgerollten hellen Teig 5, aus dem dunklen Teig 4 je 1 cm breite Streifen von gleicher Länge schneiden, mit Eiweiß bestreichen, abwechselnd je drei neben- und übereinander legen, in dünn ausgerollten Teig wickeln

folgende Plätzchen lassen sich leichter herstellen:
aus der einen Teighälfte 3 cm dicke Rollen formen, sie mit Eiweiß bestreichen, in den übrigen ausgerollten Teig wickeln,
sämtliche Teigrollen eine Zeitlang kalt stellen, in gleichmäßige Scheiben schneiden, auf ein gefettetes Backblech legen, in den vorgeheizten Backofen schieben

Strom: 175-200
Gas: 3-4
Backzeit: 10-15 Minuten.

Tatzen und Tupfen

(Abb. oben)

250 g Butter oder Margarine	geschmeidig rühren, nach und nach
175 g Zucker	
1 Päckchen Vanillin-Zucker	
1 Ei	unterrühren
175 g Weizenmehl	mit
175 g Speisestärke	mischen, sieben, eßlöffelweise unterrühren
75 g abgezogene, gemahlene Mandeln	unter den Teig rühren, ihn in einen Spritzbeutel mit gezackter Tülle füllen, in Form von kleinen Tatzen und Tupfen auf ein gefettetes Backblech spritzen, in den vorgeheizten Backofen schieben
Strom:	175-200
Gas:	3-4
Backzeit:	10-15 Minuten die Tupfen mit
kandierten Kirschstückchen	garnieren
100 g Kuvertüre	in einem kleinen Topf im heißen Wasserbad zu einer geschmeidigen Masse verrühren ¼ der Tatzen auf der glatten Seite dünn mit Kuvertüre bestreichen, mit unbestrichenen Tatzen zusammensetzen ¼ der Tatzen auf der glatten Seite dünn mit
Aprikosen-Konfitüre	bestreichen, ebenfalls mit unbestrichenen Tatzen zusammensetzen die Tatzen mit den Spitzen in Kuvertüre tauchen.

Doppelt gefüllte Mürbchen

	Für den Teig
325 g Weizenmehl	mit
1 gestrichenen Teel. Backpulver	mischen, auf die Tischplatte sieben, in die Mitte eine Vertiefung eindrücken
100 g Zucker	
1 Päckchen Vanillin-Zucker	
1 Ei	hineingeben, mit einem Teil des Mehls zu einem dicken Brei verarbeiten
200 g kalte Butter oder Margarine	in Stücke schneiden, darauf geben, mit Mehl bedecken, von der Mitte aus alle Zutaten schnell zu einem glatten Teig verkneten, sollte er kleben, ihn eine Zeitlang kalt stellen den Teig dünn ausrollen, mit einer runden, gezackten Form (Durchmesser etwa 4 cm) Plätzchen ausstechen, die Hälfte davon mit einer kleineren Form (Durchmesser etwa 1 cm) noch einmal ausstechen, so daß Ringe entstehen, Plätzchen und Ringe auf ein Backblech legen, in den vorgeheizten Backofen schieben
Strom:	175-200
Gas:	3-4
Backzeit:	8-10 Minuten die erkalteten Plätzchen auf der Unterseite mit
Ananas-Konfitüre (durch ein Sieb gestrichen)	bestreichen, die Ringe mit der Unterseite darauf legen
	für die Füllung
75 g zartbittere Schokolade	in Stücke brechen, mit
etwas Kokosfett	in einem kleinen Topf im heißen Wasserbad zu einer geschmeidigen Masse verrühren, die Plätzchen in der Mitte damit füllen.

Aprikosen-Kränzchen

(Abb. rechts)

	Für den Teig
150 g Weizenmehl	auf die Tischplatte sieben, in die Mitte eine Vertiefung eindrücken
1 Päckchen Vanillin-Zucker	
Salz	
150 g Speisestärke	
150 g kalte, in Stücke geschnittene Butter oder Margarine	hineingeben das Fett mit Mehl bedecken, von der

Mitte aus alle Zutaten schnell zu einem glatten Teig verkneten, sollte er zu weich sein, evtl. noch etwas Mehl unterkneten, ihn eine Stunde im Kühlschrank ruhen lassen

für die Füllung

250 g Aprikosen (aus der Dose) abtropfen lassen
jeweils die Hälfte des Teiges zu einem Rechteck von 40 × 20 cm ausrollen, der Länge nach in gut 1 cm breite Streifen schneiden, je 2 Teigstreifen umeinanderschlingen, zu einer Schnecke zusammenrollen (die Enden etwas einschlagen), die Mitte etwas flachdrücken, je 1 Aprikosenhälfte darauflegen, die Kränzchen auf ein gefettetes Backblech legen, in den vorgeheizten Backofen schieben

Strom: 200–225
Gas: 3–4
Backzeit: Etwa 25 Minuten

für den Guß

75 g Puderzucker sieben, mit
Etwa 1 Eßl. Zitronensaft verrühren, so daß eine dickflüssige Masse entsteht, die noch heißen Kränzchen damit bestreichen.

Beigabe: Sherry medium.

Sandhörnchen

	Für den Teig
250 g Weizenmehl	mit
1 gestrichenen Teel. Backpulver	mischen, auf die Tischplatte sieben, in die Mitte eine Vertiefung eindrücken
75 g Zucker 1 Päckchen Vanillin-Zucker Salz 1 Fläschchen Rum-Aroma 2 Eßl. Wasser	hineingeben
100 g kalte Butter oder Margarine	in Stücke schneiden, darauf geben, mit Mehl bedecken von der Mitte aus alle Zutaten schnell zu einem glatten Teig verkneten, sollte er kleben, ihn eine Zeitlang kalt stellen aus dem Teig daumendicke Rollen formen, etwa 2 cm lange Stücke davon abschneiden, diese zu gut 6 cm langen Rollen formen, in
groben Zucker	drücken, als Hörnchen auf ein Backblech legen, in den vorgeheizten Backofen schieben
Strom:	175-200
Gas:	3-4
Backzeit:	Etwa 10 Minuten
	für den Guß
25 g Schokolade Kokosfett	in kleine Stücke brechen, mit in einem kleinen Topf im heißen Wasserbad zu einer geschmeidigen Masse verrühren, die Hörnchen an den Enden mit dem Guß bestreichen.

Orangen-Stäbchen

(Abb. rechts)

	Für den Teig
300 g weiche Butter	geschmeidig rühren, nach und nach
150 g gesiebten Puderzucker 1 Päckchen Vanillin-Zucker Salz 4 Eigelb abgeriebene Schale von 1 Orange (unbehandelt) 3 Eßl. Orangensaft	unterrühren
300 g Weizenmehl	sieben, eßlöffelweise unterrühren den Teig in einen Spritzbeutel mit Sterntülle füllen, etwa 6 cm lange Stangen auf ein mit Backtrennpapier belegtes Backblech spritzen, in den vorgeheizten Backofen schieben
Strom:	175-200

Gas:	3-4
Backzeit:	Etwa 7 Minuten
	für die Füllung
100 g Nuß-Nougatmasse	in einem kleinen Topf im heißen Wasserbad geschmeidig rühren
	die Hälfte der Plätzchen auf der Unterseite damit bestreichen, mit den restlichen Plätzchen bedecken
100 g Speisefettglasur	in einem kleinen Topf im heißen Wasserbad geschmeidig rühren, jeweils ein Ende der Orangen-Stäbchen eintauchen, auf Pergamentpapier trocknen lassen.

Mandel-Halbmonde

	Für den Teig
250 g Weizenmehl	auf die Tischplatte sieben, in die Mitte eine Vertiefung eindrücken
100 g Zucker **1 Päckchen Vanillin-Zucker** **Salz** **2 Eigelb**	hineingeben, mit einem Teil des Mehls zu einem dicken Brei verarbeiten
200 g kalte Butter	in Stücke schneiden, auf den Brei geben
50 g abgezogene, gemahlene Mandeln **60 g feingehacktes Orangeat**	daraufgeben, von der Mitte aus alle Zutaten schnell zu einem glatten Teig verkneten, etwa 1 Stunde kalt stellen, den Teig etwa 3 mm dick ausrollen, Halbmonde ausstechen, auf ein mit Back-Trennpapier belegtes Backblech legen
2 Eiweiß	fast steif schlagen
1 gehäuften Eßl. Zucker	unterschlagen
	die Eiweißmasse auf die Halbmonde streichen, sollte das Eiweiß nicht ausreichen, die restlichen Plätzchen mit
Kondensmilch	bestreichen, mit
etwa 50 g abgezogenen, gehackten Mandeln	bestreuen
	das Backblech in den vorgeheizten Backofen schieben
Strom:	175-200
Gas:	3-4
Backzeit:	Etwa 10 Minuten
125 g Kuvertüre	mit
etwas Kokosfett	in einem kleinen Topf im heißen Wasserbad geschmeidig rühren
	die erkalteten Halbmonde mit einer Ecke hineintauchen, zum Trocknen auf Pergamentpapier legen
	die Plätzchen in gut schließenden Dosen aufbewahren.

Mailänder Kekse

(Abb. oben)

350 g weiche Butter	geschmeidig rühren, nach und nach
250 g Zucker 1 Päckchen Vanillin-Zucker Salz 3 kleine Eier abgeriebene Schale von 1 Zitrone (unbehandelt)	unterrühren
500 g Weizenmehl	mit
2 gestrichenen	

Teel. Backpulver mischen, sieben, etwa die Hälfte des Mehls unterrühren, den Rest unterkneten, den Teig über Nacht kalt stellen
den Teig knapp ½ cm dick ausrollen
mit einer Kartoffelreibe ein Muster in die Teigoberfläche drücken, mit einer Form Rosetten ausstechen
die Teig-Rosetten auf ein mit Backtrennpapier belegtes Backblech legen, in den vorgeheizten Backofen schieben

Strom: 175-200
Gas: 3-4
Backzeit: Etwa 12 Minuten

die Kekse sofort nach dem Backen mit
etwa 60 g zerlassener Butter bestreichen
60 g Zucker mit
1 Päckchen Vanillin-Zucker mischen, die Kekse damit bestreuen.

Butterringe

150 g Butter zerlassen, kalt stellen
in die erkaltete, wieder etwas fest gewordene Butter nach und nach eßlöffelweise
75 g gesiebten Puderzucker
1 Päckchen Vanillin-Zucker geben, so lange rühren, bis Butter und Zucker weißschaumig geworden sind
1 Ei
½ gestrichenen Teel. gemahlenen Koriander unterrühren
175 g Weizenmehl mit
25 g Speisestärke mischen, sieben, eßlöffelweise unterrühren, den Teig in einen Spritzbeutel mit gezackter Tülle füllen, in Form von Ringen auf ein Backblech spritzen, in den vorgeheizten Backofen schieben

Strom: 175-200
Gas: 3-4
Backzeit: 8-10 Minuten.

Prinzeß-Brezeln

(Abb. rechts)

Für den Teig

375 g Weizenmehl mit
40 g Kakao mischen, auf die Tischplatte sieben, in die Mitte eine Vertiefung eindrücken
175 g Zucker
1 Päckchen Vanillin-Zucker
Salz
1 Ei hineingeben, mit einem Teil des Mehls zu einem dicken Brei verarbeiten
250 g kalte Butter in Stücke schneiden, auf den Brei geben, mit Mehl bedecken, von der Mitte aus alle Zutaten schnell zu einem glatten Teig verkneten
den Teig zu bleistiftdicken Rollen formen, in etwa 17 cm lange Stücke schneiden, zu Brezeln formen
die Brezeln auf ein mit Backtrennpapier belegtes Backblech legen, in den vorgeheizten Backofen schieben

Strom: 175-200
Gas: 3-4
Backzeit: 12-15 Minuten

zum Bestreichen

100 g halbbittere Kuvertüre mit
100 g Speisefettglasur in einem kleinen Topf im heißen Wasserbad geschmeidig rühren, die Brezeln damit bestreichen, mit
etwa 60 g abgezogenen, gehackten, gebräunten Mandeln bestreuen.

Ananas-Bissen

(Abb. oben)

4 Eiweiß	steifschlagen, nach und nach
125 g Zucker	unterschlagen
125 g abgezogene, gemahlene Mandeln 100 g abgetropfte, gehackte Ananasstücke (aus der Dose)	unterheben
	von dem Teig mit 2 Teelöffeln jeweils Häufchen auf
etwa 55 Backoblaten (Durchmesser etwa 5 cm)	geben, die Oblaten auf ein mit Backtrennpapier belegtes Backblech setzen, in den vorgeheizten Backofen schieben
Strom:	Etwa 150
Gas:	Etwa 2
Backzeit:	Etwa 30 Minuten.

Roggenkekse

300 g Roggenmehl	mit
½ Päckchen Backpulver	mischen, auf die Tischplatte sieben, in die Mitte eine Vertiefung eindrücken
100 g Zucker 1 Päckchen Vanillin-Zucker 4 Eßl. Milch Salz 1 Messerspitze gemahlenen Zimt	hineingeben, mit einem Teil des Mehls zu einem dicken Brei verarbeiten
150 g kalte Butter	in Stücke schneiden, daraufgeben, mit Mehl bedecken, von der Mitte aus alle Zutaten zu einem glatten Teig verkneten
	den Teig 1-2 Stunden kalt stellen, ihn 2-3 mm dick ausrollen, in 2-3 cm breite Streifen, dann in Rauten rädern, auf ein mit Back-Trennpapier belegtes Backblech legen, mit
Kondensmilch	bestreichen, mit
Zimt-Zucker-Gemisch	bestreuen
	das Backblech in den vorgeheizten Backofen schieben
Strom:	175-200, **Gas:** 3-4
Backzeit:	Etwa 10 Minuten.

Springerle

2 Eier	schaumig schlagen, nach und nach
200 g gesiebten Puderzucker 1 Päckchen Vanillin-Zucker	hinzugeben, so lange schlagen, bis eine dicke, cremeartige Masse entstanden ist
225 g Weizenmehl	mit
1 Messerspitze Backpulver	mischen, sieben, soviel davon unter die Masse rühren, daß ein fester Brei entsteht, den Rest des Mehls auf die Tischplatte sieben, den Brei darauf geben, mit Mehl bedecken, mit den Händen zu einem glatten Teig verkneten, sollte er kleben, noch bis zu
50 g Weizenmehl	hineinkneten
	den Teig etwa 1 cm dick ausrollen, Rechtecke in der Größe des Backmodels herausschneiden, sie mit
Weizenmehl	bestäuben, in den bemehlten Model drücken, sie dann abheben, in die aufgeprägten Rechtecke zerschneiden, die Springerle auf ein gefettetes, mit
Anissamen	bestreutes Backblech legen, in einem mäßig warmen Raum etwa 24 Stunden trocknen lassen (Bleche nicht aufeinandersetzen!) Backbleche in den vorgeheizten Backofen schieben
Strom:	125-150
Gas:	1-2
Backzeit:	Etwa 30 Minuten
	da die Oberfläche des Gebäcks weiß bleiben soll, ist es empfehlenswert, nach dem Aufgehen, sobald sich ein kleiner Sockel gebildet hat, ein kaltes Backblech oben in den Backofen zu schieben

die Springerle nach dem Backen einige Tage offen (nicht in einer Dose) an der Luft stehenlassen, damit sie weich werden, sie erst dann in eine Blechdose geben, gut geschlossen aufbewahren.

Orangen-Plätzchen

(Abb. unten)

Für den Teig

175 g Butter oder Margarine	geschmeidig rühren, nach und nach
100 g Zucker	
1 Päckchen Vanillin-Zucker	
1 Ei	
1 Fläschchen Backöl Zitrone	unterrühren
300 g Weizenmehl	sieben, ⅔ davon eßlöffelweise unterrühren, den Rest des Mehls mit dem Teigbrei zu einem glatten Teig verkneten, sollte er kleben, ihn eine Zeitlang kalt stellen den Teig knapp ½ cm dick ausrollen, mit einer runden Form (Durchmesser etwa 4 cm) ausstechen, auf ein gefettetes Backblech legen, in den vorgeheizten Backofen schieben
Strom:	175-200
Gas:	3-4
Backzeit:	10-15 Minuten

für den Guß

175 g Puderzucker	sieben, mit
4-5 Eßl. Orangen-Likör	glattrühren, so daß eine dickflüssige Masse entsteht, die erkalteten Plätzchen damit bestreichen
kandierte Orangenscheiben	in Stücke schneiden, die Plätzchen damit garnieren.
Beigabe:	Orangen-Likör.

Nougat-Mandeltaler

(Abb. unten)

Für den Teig

4 Eier mit einem elektrischen Handrührgerät mit Rührbesen auf höchster Stufe in 1 Minute schaumig schlagen

200 g Zucker
Salz in 1 Minute einstreuen, dann noch etwa 2 Minuten schlagen

200 g Weizenmehl sieben, die Hälfte davon auf die Eiercreme geben, kurz auf niedrigster Stufe unterrühren
den Rest des Mehls auf die gleiche Weise unterarbeiten
den Teig in einen Spritzbeutel mit weiter Lochtülle geben, etwa 2 cm dicke Tuffs auf gefettete, bemehlte Backbleche spritzen, mit

etwa 75 g abgezogenen, gehobelten Mandeln bestreuen, die Backbleche nacheinander in den vorgeheizten Backofen schieben

Strom: Etwa 200
Gas: 3-4
Backzeit: Etwa 10 Minuten
die Plätzchen sofort nach dem Backen vom Blech lösen

200 g Nuß-Nougatmasse in einem kleinen Topf im heißen Wasserbad geschmeidig rühren, die Hälfte der Plätzchen auf der Unterseite damit bestreichen, mit den anderen Plätzchen bedecken

30-40 g dunkle Kuvertüre oder Speisefettglasur in einem kleinen Topf im heißen Wasserbad geschmeidig rühren, die Plätzchen damit besprenkeln.

Verpackungsvorschlag zum Verschenken: Die Plätzchen in eine dekorative Blechdose schichten, zwischen jede Schicht Alufolie legen, die Dose verschließen. Mit Geschenk- oder Cellophanpapier, Schleifenband und Anhängern weihnachtlich einpacken.

Mandelsterne

(Abb. oben)

300 g Weizenmehl	mit
20 g Kakao	
1 gestrichenen Teel. Backpulver	mischen, auf die Tischplatte sieben, in die Mitte eine Vertiefung eindrücken
75 g Zucker	
1 Päckchen Vanillin-Zucker	
3 Tropfen Backöl Bittermandel	
3 Eßl. Milch	hineingeben, mit einem Teil des Mehls zu einem dicken Brei verarbeiten
175 g kalte Margarine	in Stücke schneiden, auf den Brei geben, mit Mehl bedecken, von der Mitte aus alle Zutaten schnell zu einem glatten Teig verkneten, sollte er kleben, ihn eine Zeitlang kalt stellen den Teig etwa 3 mm dick ausrollen, Sterne ausstechen, auf ein gefettetes Backblech legen, die Teigplätzchen mit
Kondensmilch	bestreichen, mit
etwa 50 g Zucker	
200 g abgezogenen, gehobelten Mandeln	bestreuen, in den vorgeheizten Backofen schieben
Strom:	175-200
Gas:	3-4
Backzeit:	10-15 Minuten.

Haferflocken-Fruchtmakronen

2 Eiweiß	steifschlagen, nach und nach
2 Eßl. Zucker	
4 Eßl. Hagebutten-Konfitüre (ohne Fruchtstücke)	unterschlagen
50 g abgezogene, gemahlene Mandeln	
125 g Haferflocken	unterrühren von dem Teig mit 2 Teelöffeln Häufchen abstechen, auf ein mit Back-Trennpapier belegtes Backblech setzen, mit einem Löffelstiel eine kleine Vertiefung in jedes Teighäufchen drücken das Backblech in den vorgeheizten Backofen schieben
Strom:	Etwa 150
Gas:	2-3
Backzeit:	Etwa 25 Minuten sofort nach dem Backen die Makronenvertiefungen mit
Hagebutten-Konfitüre	füllen.

Rumkränzchen
(Abb. unten)

	Für den Teig
100 g Margarine	geschmeidig rühren, nach und nach
100 g Zucker	
1 Päckchen Vanillin-Zucker	
1 Fläschchen Rum-Aroma	
1 Ei	unterrühren
100 g Weizenmehl	mit
1 gestrichenen Teel. Backpulver	mischen, sieben, eßlöffelweise unterrühren
200 g Haferflocken	unterkneten, sollte der Teig kleben, ihn eine Zeitlang kalt stellen den Teig dünn ausrollen, mit einer runden Form (Durchmesser etwa 6 cm) ausstechen, so daß Kränzchen entstehen diese auf ein gefettetes Backblech legen, in den vorgeheizten Backofen schieben
Strom:	175-200
Gas:	3-4
Backzeit:	10-15 Minuten
	für den Guß
100 g gesiebten Puderzucker	mit
2-3 Eßl. Rum	zu einer dickflüssigen Masse verrühren die noch warmen Kränzchen damit bestreichen.

Rondjes
(Abb. unten)

50 g Zucker	unter Rühren so lange erhitzen, bis er gebräunt ist, ihn dann auf ein geöltes Stück Alufolie legen nach dem Erkalten den Zucker fein zerdrücken
175 g Butter	geschmeidig rühren, nach und nach
75 g Rohrzucker	
1 Teel. Sirup	
1 Eßl. Wasser	hinzufügen
120 g Weizenmehl	sieben, eßlöffelweise unterrühren zuletzt den zerdrückten Zucker unterkneten aus dem Teig gut haselnußgroße Kugeln formen, nicht zu dicht nebeneinander auf ein Backblech legen, in den vorgeheizten Backofen schieben
Strom:	175-200
Gas:	3-4
Backzeit:	Etwa 10 Minuten die Plätzchen sofort nach dem Backen vom Backblech lösen, in einer gut schließenden Blechdose aufbewahren.

Rosinenstangen

	Für den Teig
275 g Weizenmehl	auf die Tischplatte sieben, in die Mitte eine Vertiefung eindrücken
2 Päckchen	

Vanillin-Zucker
Salz
4 Eßl. Milch hineingeben, mit einem Teil des Mehls zu einem dicken Brei verarbeiten
250 g kalte Butter in Stücke schneiden, auf den Brei geben, mit Mehl bedecken, von der Mitte aus alle Zutaten schnell zu einem glatten Teig verkneten, sollte er kleben, ihn eine Zeitlang kalt stellen

für die Füllung
200 g Rosinen verlesen, nach Belieben kurz in
3-4 Eßl. Rum tränken, gut abtropfen lassen
den Teig dünn ausrollen, in Rechtecke von etwa 5 × 4 cm schneiden oder rädern, auf jedes Teigstück einige Rosinen legen, darin einwickeln
die Rosinenstangen auf ein Backblech legen, in den vorgeheizten Backofen schieben
Strom: 175-200
Gas: 3-4
Backzeit: Etwa 15 Minuten
nach Belieben das erkaltete Gebäck mit
gesiebtem Puderzucker bestäuben oder mit
Schokoladenguß (in kleine Stücke gebrochene Schokolade mit Kokosfett im heißen Wasserbad zu einer geschmeidigen Masse verrührt) bestreichen.

Zimtsterne

(Abb. oben)

3 Eiweiß zu steifem Schnee schlagen, er muß so fest sein, daß ein Messerschnitt sichtbar bleibt
250 g Puderzucker sieben, eßlöffelweise unterschlagen
zum Bestreichen der Sterne 2 gut gehäufte Eßl. Eierschnee abnehmen, unter den übrigen Eierschnee
1 Päckchen Vanillin-Zucker
3 Tropfen Backöl Bittermandel
1 gestrichenem Teel. gemahlenen Zimt und die Hälfte von
275-325 g gemahlenen Mandeln oder Haselnußkernen rühren
(die erforderliche Menge hängt von der Größe der Eier ab) von dem Rest der Mandeln (Haselnußkerne) so viel unterkneten, daß der Teig kaum noch klebt, auf einer mit
gemahlenen Mandeln oder Haselnußkernen bestreuten Tischplatte etwa ½ cm dick ausrollen, Sterne ausstechen, auf ein mit Pergamentpapier belegtes Backblech legen, mit dem zurückgelassenen Eierschnee bestreichen, der Guß muß so sein, daß er sich glatt auf das Gebäck streichen läßt, evtl.
einige Tropfen Wasser unterrühren
das Backblech in den vorgeheizten Backofen schieben
Strom: 130-150
Gas: 1-2
Backzeit: 20-30 Minuten
das Gebäck muß sich beim Herausnehmen noch etwas weich anfühlen
die Zimtsterne am besten in Kartons aufbewahren.

Spitzbuben

(Abb. unten)

375 g Weizenmehl	mit
1 gestrichenen Teel. Backpulver	mischen, auf die Tischplatte sieben, in die Mitte eine Vertiefung eindrücken
200 g Zucker 1 Päckchen Vanillin-Zucker 250 g kalte Butter oder Margarine 125 g gemahlene Mandeln (nicht abgezogen)	daraufgeben, mit Mehl bedecken, von der Mitte aus alle Zutaten schnell zu einem glatten Teig verkneten, sollte er kleben, ihn eine Zeitlang kalt stellen den Teig dünn ausrollen, mit einer runden Form (Durchmesser etwa 4 cm) ausstechen, auf ein gefettetes Backblech legen, in den vorgeheizten Backofen schieben
Strom:	175-200
Gas:	3-4
Backzeit:	Etwa 10 Minuten die gebackenen Plätzchen erkalten lassen, in 2 Hälften teilen die Hälfte der Plätzchen auf der Unterseite mit
125 g Johannisbeergelee	bestreichen, die übrigen darauflegen, gut andrücken.

Zimtstangen

250 g Weizenmehl	auf die Tischplatte sieben, in die Mitte eine Vertiefung eindrücken
75 g Zucker 1 Päckchen Vanillin-Zucker ½ Fläschchen Rum-Aroma 1 gestrichenen Eßl. gemahlenen Zimt 1 Eigelb	hineingeben, mit einem Teil des Mehls zu einem dicken Brei verarbeiten
125 g kalte Butter oder Margarine	in Stücke schneiden, auf den Brei geben, mit Mehl bedecken, von der Mitte aus alle Zutaten schnell zu einem glatten Teig verkneten, sollte er kleben, ihn eine Zeitlang kalt stellen den Teig dünn ausrollen, Stangen von gut 2 × 6 cm ausschneiden, auf ein Backblech legen
1 Eiweiß	fast steif schlagen, die Stangen damit bestreichen, mit
Zucker	bestreuen sollte der Eischnee nicht reichen, die restlichen Stangen mit
Kondensmilch	bestreichen, mit
Zucker (evtl. abgezogenen, gehobelten Mandeln)	bestreuen, das Backblech in den vorgeheizten Backofen schieben
Strom:	175-200
Gas:	3-4
Backzeit:	Etwa 10 Minuten.

Dattelmakronen

125 g Butter oder Margarine	zerlassen, nach und nach
250 g Kernige Haferflocken	unterrühren, erkalten lassen
250 g getrocknete Datteln	verlesen, entkernen, in kleine Würfel schneiden
2 Eier	schaumig schlagen, nach und nach
100 g Zucker 1 Päckchen Vanillin-Zucker ½ gestrichenen Teel. Backpulver	hinzufügen, Haferflocken, Datteln hinzufügen von dem Teig mit 2 Teelöffeln kleine Häufchen auf ein gefettetes Backblech setzen, in den vorgeheizten Backofen schieben
Strom:	Etwa 175
Gas:	2-3
Backzeit:	15-20 Minuten.

Mandelschiffchen

(Abb. oben)

	Für den Teig
175 g Butter oder Margarine	geschmeidig rühren, nach und nach
100 g gesiebten Puderzucker	
1 Päckchen Vanillin-Zucker	
1 Eigelb	
½ Fläschchen Rum-Aroma	
1 Messerspitze gemahlenen Zimt	hinzugeben
200 g Weizenmehl	mit
25 g Kakao	
1 Messerspitze Backpulver	mischen, sieben, eßlöffelweise unterrühren
125 g gemahlene Haselnußkerne	zuletzt unter den Teig rühren aus dem Teig bleistiftdicke Rollen formen, in etwa 4 cm lange Stücke schneiden, an den Enden spitz zusammendrücken, auf ein gefettetes Backblech legen
	zum Belegen
abgezogene, halbierte Mandeln	mit
verschlagenem Eiweiß	bestreichen, jeweils 1 Mandelhälfte in jedes Teigstück drücken das Backblech in den vorgeheizten Backofen schieben
Strom:	175-200
Gas:	3-4
Backzeit:	Etwa 10 Minuten.

Spitzkuchen
(Abb. unten)

	Für den Teig
175 g Sirup	mit
50 g Zucker	
Salz	
2 Eßl. Speiseöl	langsam erwärmen, zerlassen, in eine Rührschüssel geben, kalt stellen, unter die fast erkaltete Masse
1 Ei	
1 gehäufter Teel. Kakao	
6 Tropfen Backöl Zitrone	
1 Messerspitze gemahlenen Nelkenpfeffer (Piment)	
1 gestrichenen Teel. gemahlenen Zimt	rühren
250 g Weizenmehl	mit
3 gestrichenen Teel. Backpulver	mischen, sieben, ⅔ davon eßlöffelweise unterrühren den Rest des Mehls mit
75 g abgezogenen, gehackten Mandeln	unter den Teig kneten, sollte er kleben, ihn eine Zeitlang kalt stellen aus dem Teig knapp 2 cm dicke Rollen in der Länge des Backblechs formen, nicht zu dicht nebeneinander auf das gefettete Backblech legen, etwas flachdrücken, im vorgeheizten Backofen hellbraun backen
Strom:	175-200
Gas:	3-4
Backzeit:	Etwa 12 Minuten die erkalteten Rollen in Dreiecke schneiden, mit
125 g heißem Johannisbeergelee	bestreichen
	für den Guß
200 g Kuvertüre	in einem kleinen Topf im heißen Wasserbad zu einer geschmeidigen Masse verrühren, die Dreiecke damit überziehen.

Schokoladen-Mandelbrot
(Abb. rechts)

500 g Weizenmehl	mit
2 gestrichenen Teel. Backpulver	mischen, auf die Tischplatte sieben, in die Mitte eine Vertiefung eindrücken
150 g gesiebten Puderzucker	
1 Päckchen Vanillin-Zucker	
Salz	
1 großes Ei	(von dem Ei 2 Teel. Eiweiß beiseite stellen) hineingeben
350 g kalte Butter	in Stücke schneiden, daraufgeben, mit Mehl bedecken, von der Mitte aus alle Zutaten schnell zu einem glatten Teig verkneten gut ⅓ des Teiges abnehmen, beiseite stellen unter den Rest des Teiges
40 g Kakao	
1 Eßl. gesiebten Puderzucker	
1 Eßl. Milch oder Rum	
100 g abgezogene, gestiftelte Mandeln	kneten, daraus 4 rechteckige Stangen von etwa 32 cm länge etwa 3,5 cm Breite und etwa 1,5 cm Höhe formen den hellen Teig zu einem Rechteck von etwa 44 × 32 cm ausrollen, in 4 Streifen von etwa 11 × 32 cm einschneiden, mit dem zurückgelassenen Eiweiß bestreichen auf jeden Teigstreifen 1 Mandelstange legen, in den Teig wickeln, mit Alufolie abgedeckt über Nacht in den Kühlschrank stellen die Teigstangen in knapp ½ cm dicke Scheiben schneiden, auf ein gefettetes, mit Backtrennpapier belegtes Backblech legen das Backblech in den vorgeheizten Backofen schieben
Strom:	Etwa 200
Gas:	3-4
Backzeit:	12-15 Minuten.

Nußstangen

(Abb. oben)

	Für den Teig
200 g Weizenmehl	auf die Tischplatte sieben, in die Mitte eine Vertiefung eindrücken
40 g Zucker **1 Päckchen Vanillin-Zucker** **Salz** **2 Eigelb**	hineingeben, mit einem Teil des Mehls zu einem dicken Brei verarbeiten
100 g kalte Butter	in Stücke schneiden, auf den Brei geben, mit Mehl bedecken, von der Mitte aus alle Zutaten schnell zu einem glatten Teig verkneten den Teig zu einem Rechteck von etwa 40 × 30 cm ausrollen
	für den Belag
125 ml (⅛ l) Wasser	mit
100 g Zucker	zum Kochen bringen, kochen, bis der Zucker gelöst ist, von der Kochstelle nehmen

400 g gemahlene Haselnußkerne unterrühren
4 Eßl. Rum hinzufügen, die Masse etwas abkühlen lassen, auf den Teig streichen

200 g gesiebten Puderzucker mit
etwa 1½ Eiweiß zu einer dickflüssigen Masse verrühren, auf die Nußmasse streichen das Teigrechteck in Streifen von etwa 6 × 1½ cm schneiden, auf ein mit Back-Trennpapier belegtes Backblech legen, in den vorgeheizten Backofen schieben

Strom: Etwa 175
Gas: Etwa 3
Backzeit: 12-15 Minuten
sollte beim Backen etwas von dem Guß am Teigrand runterlaufen, ihn mit einem Messer abschneiden.

Baseler Herzen

(Abb. unten)

Für den Teig

2 Eiweiß
250 g Zucker
1 Päckchen Vanillin-Zucker schaumig schlagen
2 gehäufte Teel. gesiebten Kakao mit
2 gestrichenen Teel. gemahlenem Zimt
½ Teel. gemahlenen Nelken
½ Fläschchen Rum-Aroma
50 g gesiebtem Kakao
15 g zerlassener, abgekühlter Butter vorsichtig unterrühren
250 g gemahlene Mandeln mit
½ gestrichenen Teel. Backpulver mischen, unter die Eiweißmasse rühren, so daß ein fester Teig entsteht
den Teig etwa ½ cm dick auf der bemehlten Tischplatte ausrollen, Herzen ausstechen, auf ein gefettetes Backblech legen, in den vorgeheizten Backofen schieben

Strom: 175-200
Gas: 3-4
Backzeit: Etwa 10 Minuten.

Mandelhörnchen

(Abb. unten)

Für den Teig

200 g Marzipan-Rohmasse
2 Eiweiß mit einem elektrischen Handrührgerät mit Rührbesen zu einer geschmeidigen Masse verrühren
nach und nach
100 g Zucker
1 Päckchen Vanillin-Zucker
50 g Weizenmehl unterrühren
den Teig in einen Spritzbeutel mit glatter Tülle füllen, Hörnchen auf ein gefettetes, mit Mehl bestäubtes Backblech spritzen, mit
50 g abgezogenen, gehobelten Mandeln bestreuen, das Backblech in den vorgeheizten Backofen schieben

Strom: 175-200
Gas: 3-4
Backzeit: 10-15 Minuten

zum Bestreichen

100 g dunkle Kuchenglasur nach der Vorschrift auf dem Beutel auflösen, die Enden der erkalteten Hörnchen damit bestreichen.

Kokosplätzchen

(Abb. links)

	Für den Teig
250 g Weizenmehl	mit
1 gestrichenen Teel. Backpulver	mischen, auf die Tischplatte sieben, in die Mitte eine Vertiefung eindrücken
75 g Zucker	
1 Päckchen Vanillin-Zucker	
2 Eigelb	hineingeben, mit einem Teil des Mehls zu einem dicken Brei verarbeiten
125 g kalte Margarine	in Stücke schneiden, auf den Brei geben, mit Mehl bedecken, alle Zutaten von der Mitte aus schnell zu einem glatten Teig verkneten, sollte er kleben, ihn eine Zeitlang kalt stellen den Teig dünn ausrollen, mit zwei verschieden großen Formen (Durchmesser etwa 4,5 cm und 3 cm) ausstechen die größeren Plätzchen auf ein gefettetes Backblech legen
	für den Belag
3 Eiweiß	zu steifem Schnee schlagen, er muß so fest sein, daß ein Messerschnitt sichtbar bleibt
100 g Zucker	
175 g Kokosraspeln	
3 Tropfen Backöl Bittermandel	unterheben, die Kokosmasse in Häufchen auf die Teigplätzchen geben, jeweils ein kleines Teigplätzchen schräg daranlegen
1 Eigelb	mit
1 Teel. Kondensmilch	verschlagen, die kleinen Teigplätzchen damit bestreichen, in den vorgeheizten Backofen schieben
Strom:	175-200
Gas:	3-4
Backzeit:	10-15 Minuten.

Kernige Schoko-Plätzchen

200 g Butter oder Margarine	geschmeidig rühren, nach und nach
200 g Zucker	
2 Päckchen Vanillin-Zucker	
1 Eßl. Wasser	
2 Eier	hinzugeben
125 g Weizenmehl	mit
½ gestrichenen Teel. Backpulver	
2 Eßl. Kakao	mischen, sieben
250 g Kernige Haferflocken	
50 g abgezogene, gehackte Mandeln	eßlöffelweise unterrühren
2 Eßl. Rum	hinzufügen von dem Teig mit 2 Teelöffeln Häufchen auf ein gefettetes Backblech setzen, flachdrücken, das Backblech in den vorgeheizten Backofen schieben
Strom:	Etwa 180
Gas:	Etwa 3
Backzeit:	Etwa 15 Minuten.

Cashewkern-Taler

(Abb. unten)

150 g Weizenmehl	auf die Tischplatte sieben, in die Mitte eine Vertiefung eindrücken
150 g Rohrzucker	
4 Eigelb	
1 gestrichenen Teel. gemahlenen Ingwer	
1 gestrichenen Teel. gemahlenen Kardamon	hineingeben, mit einem Teil des Mehls zu einem dicken Brei verarbeiten
150 g kalte Butter	in Stücke schneiden, auf den Brei geben
250 g gemahlene Cashewkernstücke	daraufgeben, mit Mehl bedecken, von der Mitte aus alle Zutaten schnell zu einem glatten Teig verkneten aus dem Teig Rollen von etwa 2½ cm Durchmesser formen, kalt stellen die Teigrollen in knapp ½ cm dicke Scheiben schneiden, auf ein mit Backtrennpapier belegtes Backblech legen, in den vorgeheizten Backofen schieben
Strom:	175-200
Gas:	3-4
Backzeit:	12-15 Minuten.

Ingwer-Gebäck mit Schokolade

(Abb. unten)

	Für den Teig
125 g Butter oder Margarine	geschmeidig rühren, nach und nach
200 g Zucker	
1 Päckchen Vanillin-Zucker	
2 Teel. gemahlenen Ingwer	
4 Eier	unterrühren
250 g Weizenmehl	mit
1 gestrichenen Teel. Backpulver	mischen, sieben, mit
250 g geraspelter Schokolade	eßlöffelweise unterrühren
200 g verlesene Rosinen	kleinschneiden, zuletzt unterheben, den Teig auf ein gefettetes Backblech streichen, in den vorgeheizten Backofen schieben
Strom:	175-200
Gas:	3-4
Backzeit:	20-25 Minuten das erkaltete Gebäck in Quadrate (4 × 4 cm) schneiden
	für den Guß
150 g halbbittere Kuvertüre	in einem kleinen Topf im heißen Wasserbad zu einer geschmeidigen Masse verrühren, das Gebäck damit bestreichen, nach Belieben mit
halbierten Belegkirschen	garnieren.

Nußknacker

	Von
600 g Haselnußkernen	200 g mahlen, die restlichen Haselnußkerne grob hacken die gemahlenen Nüsse mit
50 g Speisestärke	
1 Teel. abgeriebener Schale von 1 Zitrone (unbehandelt)	
1 Teel. gemahlenem Zimt	
Salz	vermengen
2 Eier	mit
4 Eigelb	
250 g gesiebtem Puderzucker	in einem Topf im heißen Wasserbad mit dem elektrischen Handrührgerät mit Rührbesen auf höchster Stufe in 6-8 Minuten zu einer cremigen Masse schlagen, aus dem Wasserbad nehmen, mit der Nußmischung und den grobgehackten Nüssen verrühren
etwa 70 runde Backoblaten (Durchmesser etwa 4 cm)	auf 2 Backbleche verteilen, jeweils 1 Teel. der Nußmasse auf jede Oblate geben, das Backblech in den vorgeheizten Backofen schieben
Strom:	Etwa 150
Gas:	1-2
Backzeit:	15-18 Minuten die gebackenen Plätzchen erkalten lassen
150 g halbbittere Kuvertüre	in einem kleinen Topf im heißen Wasserbad geschmeidig rühren, erkalten lassen, bis die Masse fast fest ist, wieder erwärmen, bis sie soeben flüssig ist, in ein Pergamentpapiertütchen füllen, eine Spitze abschneiden und die Kuvertüre über die Plätzchen spritzen, oder die Kuvertüre mit einem Löffel über die Plätzchen sprenkeln.

Maronenschnitten

(Abb. rechts)

	Für den Teig
250 g weiche Butter	mit
etwa 450 g Maronenmus (aus der Dose)	geschmeidig rühren, nach und nach
175 g gesiebten Puderzucker	
Salz	
Mark von	

1 Vanillestange	
2 Eier	
3 Eigelb	unterrühren
100 g Weizenmehl	mit
1 Päckchen Backpulver	mischen, sieben, mit
200 g gemahlenen Walnußkernen	
75 g gehackten Pistazienkernen	
1 Teel. gemahlenem Koriander	
½ Teel. gemahlenen Nelken	
1 Teel. gemahlenem Zimt	unter die Butter-Maronenmasse rühren
200 g halbbittere Kuvertüre	in kleine Würfel schneiden, unter den Teig heben, den Teig gleichmäßig auf ein gefettetes, mit
Weizenmehl	bestäubtes Backblech streichen das Backblech in den vorgeheizten Backofen schieben
Strom:	Etwa 200, **Gas:** 3-4
Backzeit:	18-20 Minuten

	zum Garnieren
100 g abgezogene Mandeln	halbieren, auf einem Backblech verteilen, in dem noch heißen Backofen, bei gleicher Temperatur in 8-10 Minuten goldgelb rösten
	für den Guß
200 g Vollmilch-Kuvertüre	in einem kleinen Topf im heißen Wasserbad geschmeidig rühren, abkühlen lassen, bis sie fast fest ist, wieder erwärmen, bis sie soeben flüssig ist die erkaltete Gebäckplatte ganz damit bestreichen, den Guß etwas fest werden lassen die Gebäckplatte in kleine Rechtecke schneiden, auf jedes Rechteck eine Mandelhälfte legen den Guß fest werden lassen, erst dann die Rechtecke vom Blech nehmen die völlig erkalteten Maronenschnitten in festschließenden Dosen aufbewahren.

Nußplätzchen

(Abb. S. 133)

150 g Weizenmehl auf die Tischplatte sieben, in die Mitte eine Vertiefung eindrücken

150 g Zucker
1 Teel. Zitronensaft
2 Eigelb hineingeben, mit einem Teil des Mehls zu einem dicken Brei verarbeiten

150 g kalte Butter
150 g Haselnußkerne
beide Zutaten in Stücke schneiden, auf den Brei geben, mit Mehl bedecken, von der Mitte aus alle Zutaten schnell zu einem glatten Teig verkneten, zu einer Rolle formen, etwa 1 Stunde in den Kühlschrank legen
den Teig auf der mit
Weizenmehl bestäubten Tischplatte etwa 3 mm dick ausrollen, Plätzchen (Durchmesser etwa 4 cm) ausstechen
die Plätzchen auf ein mit Backtrennpapier belegtes Backblech legen

etwa 40 Haselnußkerne halbieren, auf jedes Plätzchen eine Haselnußhälfte setzen
das Backblech in den vorgeheizten Backofen schieben

Strom: Etwa 200
Gas: Etwa 3
Backzeit: 8-10 Minuten.

Pignolati

(Italienische Pinienkern-Makronen - Abb. S. 98/99)

5 Eiweiß in einer Schüssel im heißen Wasserbad erhitzen, dabei das Eiweiß mit einem elektrischen Handrührgerät fast steif schlagen, nach und nach
150 g Zucker unterschlagen, noch etwa 1 Minute weiterschlagen, dann die Schüssel in kaltes Wasser setzen, die Eiweißmasse mit dem Schneebesen kalt schlagen

50 g gesiebten Puderzucker unterschlagen
1 Vanillestange längs aufritzen, das Vanillemark auskratzen, mit

1 gestrichenen Teel. gemahlenem Zimt
150 g abgezogenen, gehackten Mandeln
50 g Speisestärke unter die Eiweißmasse rühren, die Masse in einen Spritzbeutel ohne vorgeschraubte Tülle füllen, markstückgroße Tuffs auf ein gefettetes, mit Pergamentpapier ausgelegtes Backblech spritzen, die Tuffs mit

etwa 150 g Pinienkernen bestreuen (jeden Tuff mit etwa 8 Pinienkernen), das Backblech in den vorgeheizten Backofen schieben

Strom: Etwa 160
Gas: Etwa 2½
Backzeit: 25-30 Minuten
die Pignolati auf dem Backblech erkalten lassen, in gut schließende Dosen füllen.

Sirupknusperle

375 g Sirup mit
50 g Zucker
100 g Butter oder Margarine langsam erwärmen, zerlassen, in eine Rührschüssel geben, kalt stellen, unter die fast erkaltete Masse nach und nach

1 gehäuften Teel. gemahlenen Zimt
1 gestrichenen Teel. gemahlene Nelken
1 Messerspitze gemahlene Muskatblüte
1 Messerspitze gemahlenen Kardamom rühren
500 g Weizenmehl mit
2 gestrichenen Teel. Backpulver mischen, sieben, ⅔ davon eßlöffelweise unterrühren, den Rest des Mehls unterkneten, den Teig in kleinen Portionen sehr dünn ausrollen, Plätzchen ausstechen, auf ein gefettetes Backblech legen, in den vorgeheizten Backofen schieben

Strom: 175-200
Gas: 3-4
Backzeit: 5-7 Minuten.

Eigelb-Marzipan-Makronen

(Abb. rechts)

Für den Teig

200 g Marzipan-Rohmasse mit einem elektrischen Handrührgerät mit Rührbesen gut verrühren

50 g gesiebten Puderzucker
abgeriebene Schale von ½ Zitrone (unbehandelt)
1 Eßl. Zitronensaft
Salz
2 Eigelb unterrühren
die Masse in einen Spritzbeutel mit weiter Lochtülle geben, jeweils 3

kleine Tuffs dicht nebeneinander in Dreiecksform auf ein mit Back-Trennpapier belegtes Backblech spritzen, mit Stückchen von

Orangeat
kandierten roten und grünen Kirschen
geviertelten Walnußkernen

garnieren, das Backblech in den vorgeheizten Backofen schieben

Strom:	175–200
Gas:	3–4
Backzeit:	Etwa 10 Minuten

zum Aprikotieren

1 Eßl. Aprikosen-Konfitüre durch ein Sieb streichen, mit

1 Eßl. Rum oder Aprikosen-Schnaps verrühren, aufkochen lassen

etwas Zitronensaft unterrühren, die Makronen sofort nach dem Backen damit bestreichen.

Konfekt und Petits fours

Sind nicht nur zum Verschenken da

Orangenblüten-Konfekt

(Etwa 30 Stück - Abb. S. 136/137)

200 g Marzipan-Rohmasse	mit
100 g gesiebtem Puderzucker **1 Teel. getrockneten Orangenschalen**	verkneten, gut ¼ der Masse in Alufolie wickeln, beiseite legen unter die restliche Marzipan-Masse
50 g sehr fein gehacktes Orangeat **1-2 Eßl. Orangenlikör**	kneten, auf
gesiebtem Puderzucker	etwa 1 cm dick ausrollen, runde Plätzchen (Durchmesser etwa 3 cm) ausstechen die zurückgelassene Marzipan-Rohmasse dünn ausrollen, kleine Blüten (Durchmesser etwa 4 cm) ausstechen in der Mitte etwas zusammendrücken, so daß eine halbgeschlossene Blüte entsteht, etwas antrocknen lassen
100 g halbbittere Kuvertüre	kleinschneiden, mit
etwas Kokosfett	in einem kleinen Topf im heißen Wasserbad geschmeidig rühren, die Marzipan-Plätzchen ganz in die Kuvertüre tauchen, mit einer schmalzinkigen Gabel herausholen, die Kuvertüre am Gefäßrand etwas abstreifen, die Plätzchen auf Pergamentpapier setzen
2 Eßl. gesiebten Puderzucker	mit
1 Eßl. Orangenlikör **etwas Orangensaft**	zu einer dickflüssigen Masse verrühren die Marzipan-Blüten damit bestreichen in jede Mitte eines von
etwa 30 Orangeat-Stückchen	setzen, jeweils eine Blüte auf eine mit Kuvertüre überzogene Marzipan-Praline setzen.

Pistazien-Marzipan-Pralinen

150 g gemahlene, geröstete Haselnußkerne **100 g abgezogene, feingehackte Pistazienkerne**	mit
150 g gesiebtem Puderzucker **2 Eßl. Weinbrand (unverschnitten)** **1 Eiweiß**	zu einem glatten Teig verkneten, aus dem Teig walnußgroße Kugeln formen
60 g kandierte Orangenscheiben	sehr fein hacken, jedes Teigstück einmal mit dem Finger eindrücken in die Vertiefung etwas von den Orangen geben, die Stücke leicht zusammendrücken, so daß die Füllung in der Mitte liegt aus den Teigstücken wieder Kugeln formen, auf ein mit Alufolie belegtes Backblech oder Tablett legen, die Kugeln von allen vier Seiten etwas zusammendrücken, so daß kleine Rechtecke entstehen, mit dem Messerrücken kleine Kerben in die Oberfläche drücken
100 g Kuvertüre	in einem kleinen Topf im heißen Wasserbad zu einer geschmeidigen Masse verrühren, die Pralinen auf einer Gabel bis zur Hälfte hineintauchen, am Rand des Gefäßes leicht abstreifen die Pralinen auf Pergamentpapier oder Alufolie setzen
30 g abgezogene, halbierte Pistazienkerne	mit einem Ende in die Kuvertüre tauchen, schräg in die Oberfläche jeder Praline 1 Kern eindrücken. Diese Pralinen halten sich, kühl gestellt, bis zu 2 Wochen.

Zimt-Canache-Stangen

(Abb. rechts)

100 ml Schlagsahne	zum Kochen bringen, von der Kochstelle nehmen
200 g Vollmilch-Kuvertüre	sehr fein schneiden, mit
25 g weicher Butter **1 schwach gehäuften Teel. gemahlenem Zimt**	in die Sahne geben, unter Rühren auflösen, abkühlen lassen, bis die Masse halbfest ist, dann cremig aufschlagen, in einen Spritzbeutel mit weiter Lochtülle geben, Stangen von etwa 3 cm Länge auf Alufolie spritzen
2 Eßl. gesiebten Puderzucker	mit
½ Teel. gemahlenem Zimt	vermischen, die Stangen darin wälzen, in einer gut schließenden Dose kühl aufbewahren.

Überraschungskugeln

(Abb. oben)

	Für den Läuterzucker
30 g Zucker	mit
30 ml Wasser	zum Kochen bringen, einmal aufkochen lassen, so daß der Zucker gelöst ist, abschäumen, auskühlen lassen
	für den Teig
2 Eigelb	mit
2 Eßl. warmem Wasser	schaumig schlagen, nach und nach ⅔ von
75 g Zucker	hinzugeben, schlagen, bis eine cremeartige Masse entstanden ist
2 Eiweiß	steifschlagen, nach und nach den Rest des Zuckers unterschlagen, den Schnee auf die Eigelbcreme geben
50 g Weizenmehl	mit
50 g Speisestärke	
1 gestrichenen Teel. Backpulver	mischen, darübersieben, unter die Eigelbcreme ziehen (nicht rühren) den Boden einer Springform (Durchmesser etwa 24 cm) fetten, mit Pergamentpapier auslegen, den Teig in die Form füllen, in den vorgeheizten Backofen schieben, sofort backen
Strom:	Etwa 200
Gas:	Etwa 3
Backzeit:	25-30 Minuten
	zum Tränken
	den Läuterzucker mit
50 ml Weinbrand	verrühren
	den Biskuitboden mehrmals mit einer Gabel einstechen, mit der Flüssig-

keit tränken, das Gebäck abgedeckt auskühlen lassen

für die Trüffelmasse

100 ml Sahne mit

2 Eßl. Milch zum Kochen bringen, einmal aufkochen lassen

2 Eßl. Instant-Kaffee unterrühren

100 g Mokka-Schokolade

100 g Zartbitter-Schokolade in kleine Stücke brechen, unter Rühren in der Sahne auflösen, mit

1 Päckchen Vanillin-Zucker

Salz würzen

den Biskuitboden aus der Form lösen, zerkrümeln, in eine Rührschüssel geben, die noch warme Trüffelmasse mit einem elektrischen Handrührgerät mit Knethaken unter die Biskuitkrümel kneten, kalt stellen, die Masse in etwa 30 Portionen teilen

etwa 30 Cocktailkirschen

jede Portion um 1 Cocktailkirsche zur Kugel formen, die Kugeln in

zartbitteren Schokoladenstreuseln wälzen, bis zum Verzehr kalt stellen.

Walnuß-Pralinen

(50 Stück)

Für den Krokant

1 Messerspitze weiche Butter

25 g Zucker so lange erhitzen, bis die Masse leicht gebräunt und der Zucker gelöst ist

50 g gehackte Walnußkerne hinzufügen, unter Rühren erhitzen, bis der Krokant genug gebräunt ist, auf ein geöltes Backblech geben

die erkaltete Krokantmasse mit einem Teigroller zerdrücken

200 g Marzipan-Rohmasse mit

50 g gesiebtem Puderzucker

1–2 Eßl. Rum und dem Krokant verkneten, gut 1 cm dick auf

gesiebtem Puderzucker ausrollen, in etwa 2 × 2 cm große Quadrate schneiden

100 g Vollmilch-Kuvertüre kleinschneiden, mit

etwas Kokosfett in einem kleinen Topf im heißen Wasserbad geschmeidig rühren, die Marzipan-Quadrate ganz in die Kuvertüre tauchen, mit einer schmalzinkigen Gabel herausheben, die Kuvertüre am Gefäßrand etwas abstreifen, die Quadrate auf Pergamentpapier setzen

12–13 Walnußkern-Hälften in Viertel schneiden, auf jede Walnuß-Praline ein Walnuß-Viertel legen.

Buntes Marzipan-Konfekt

(Abb. unten)

200 g Marzipan-Rohmasse mit

100 g gesiebtem Puderzucker

1 Eßl. Kirschwasser zu einer einheitlichen Masse verkneten, in mit

gesiebtem Puderzucker ausgestäubte Pralinenförmchen drücken

oder Motive daraus formen

das Marzipankonfekt vorsichtig mit einem Holzstäbchen aus den Förmchen lösen, mit

roter, grüner und gelber Zuckerschrift

Plätzchen-Schmuck

halbierten Belegkirschen

Zuckerblümchen garnieren.

Rosinen-Nuß-Konfekt

(80–90 Stück)

250 g Haselnußkerne auf ein Backblech geben, in den vorgeheizten Backofen schieben, rösten lassen

Strom: Etwa 200
Gas: 3–4
Röstzeit: Etwa 10 Minuten

sobald die braune Haut der Haselnußkerne platzt, die Nüsse auf ein Sieb geben, etwas abkühlen lassen
die braune Haut abreiben, die Haselnußkerne erkalten lassen, halbieren oder vierteln, mit

250 g Weinbeeren
15 g kandierten, gehackten Orangenschalen in eine Schüssel geben

175 g zartbittere Schokolade in kleine Stücke brechen, in einem kleinen Topf im heißen Wasserbad geschmeidig rühren, von der Kochstelle nehmen, die übrigen Zutaten hineingeben, mit der Schokolade vermengen
von der Masse mit 2 Teelöffeln Häufchen abstechen, auf Pergamentpapier setzen
sollte die Schokolade zu schnell fest werden, die Masse im Wasserbad wieder etwas erwärmen
das Konfekt mindestens 1 Stunde kalt stellen

500 g Vollmilch-Kuvertüre in einem kleinen Topf im heißen Wasserbad geschmeidig rühren
die Konfektstücke einzeln in die Kuvertüre tauchen
auf einer schmalzinkigen Gabel herausnehmen
dabei die Kuvertüre am Topfrand gut abstreifen, auf Pergamentpapier setzen, fest werden lassen, das Konfekt in gut schließende Dosen geben, zwischen jede Lage Konfekt Pergamentpapier legen
das Konfekt kühl (Kühlschrank) aufbewahren.

Nußtrüffel

(Abb. links unten)

75 g Butter geschmeidig rühren

75 g gesiebten Puderzucker
1 Päckchen Vanillin-Zucker unterrühren

200 g zartbittere Schokolade in Stücke brechen, in einem kleinen Topf im heißen Wasserbad glattrühren, unter die Butter-Zucker-Masse rühren, ⅔ von

75 g gemahlenen Haselnußkernen (nach Belieben geröstet) hinzufügen, die Masse eine Zeitlang kalt stellen, kleine Kugeln formen, in den restlichen Haselnußkernen wälzen
die Nußtrüffel in Cellophantüten verpacken oder in verschlossenen Glas- oder Porzellangefäßen kühl aufbewahren.

Fruchtkugeln

(Etwa 100 Stück – Abb. rechts)

250 g getrocknete Datteln entkernen

250 g Backpflaumen (ohne Stein)
250 g getrocknete Aprikosen

die drei Zutaten durch die große Scheibe des Fleischwolfs geben

abgeriebene Schale von 1 Zitrone (unbehandelt)
2 Eßl. Honig hinzufügen, alles gut miteinander vermengen
aus der Masse mit nassen Händen Kugeln formen, in

etwa 80 g gemahlenen Walnußkernen oder abgezogenen, gemahlenen Mandeln oder gemahlenen Haselnußkernen wälzen, einige Stunden bei Zimmertemperatur stehenlassen
die Fruchtkugeln in gut schließende Dosen geben

zwischen jede Lage Pralinen Pergamentpapier legen
die Fruchtkugeln kühl (Kühlschrank) aufbewahren.

Mozartkugeln

200 g kalte Nuß-Nougatmasse in kleine Würfel (1½ × 1½ cm) schneiden, zu Kugeln formen, kalt stellen

200 g Marzipan-Rohmasse geschmeidig rühren

2 Eßl. Kirschwasser
10 g feingehackte Pistazienkerne hinzufügen

125 g gesiebten Puderzucker unterkneten
die Marzipanmasse zu einer etwa 2 cm dicken Rolle formen, in so viele Stücke schneiden, wie Kugeln vorhanden sind
die Marzipanstücke auf einer mit

Puderzucker bestäubten Tischplatte flach auseinanderdrücken, die Nougatkugeln darauflegen, die Marzipanmasse darüber zusammenschlagen, an den Rändern gut andrücken, zu Kugeln formen

100 g Speisefett-Glasur nach der Vorschrift auflösen, die Mozartkugeln mit 2 Gabeln hineintauchen, auf ein enges Kuchengitter oder auf Pergamentpapier setzen (bei der Verwendung von Pergamentpapier die Mozartkugeln evtl. noch einmal umsetzen, damit sie keine „Füßchen" bekommen),
die Mozartkugeln in Cellophantüten verpacken oder in verschlossenen Glas- oder Porzellangefäßen kühl aufbewahren.

Königsberger Marzipan

(Abb. unten)

250 g Marzipan-Rohmasse	mit
125 g gesiebtem Puderzucker	verkneten, zu einer Rolle formen, das Marzipan in 2 Stücke teilen, und zwar so, daß das eine ⅔ und das andere ⅓ groß ist das größere Stück 1 cm, das kleinere Stück ½ cm dick ausrollen, die beiden Platten aufeinander legen, beliebige Formen, (z. B. Herzen, Sterne, kleine Kreise) ausstechen in der Mitte jeweils die ½ cm dicke Schicht so herausschneiden, daß ein Rand von etwa ½ cm stehen bleibt die Vertiefungen mit
etwas roter Konfitüre (oder Nuß-Nougatmasse)	füllen die Ränder mit einem Messer durch kleine Einkerbungen verzieren, mit
etwas Eiweiß	bestreichen das Marzipan auf ein Backblech legen, unter den vorgeheizten Grill schieben
Grillzeit	
Strom:	Etwa 1 Minute
Gas:	Etwa 1 Minute.

Kirschpralinen

10 rote Belegkirschen	fein hacken, mit
200 abgezogenen, gemahlenen Mandeln **100 g Zucker** **2-3 Eßl. Kirschwasser** **2 Eßl. Wasser**	zu einer streichfähigen Masse verrühren
100 g Nuß-Nougatmasse	in einem kleinen Topf im heißen Wasserbad zu einer geschmeidigen Masse verrühren
2 Eßl. Kirschwasser	hinzufügen während des Abkühlens ab und zu durchrühren, bis die Masse fast dick ist, durchkneten, auf
gesiebtem Puderzucker	ausrollen, die Mandelmasse vorsichtig auf der Nougatmasse verteilen, glattdrücken, mit einer kleinen Form Pralinen ausstechen, 12-24 Stunden an einem kühlen Ort stehenlassen.

Mandelkonfekt

(Abb. rechts)

	Für die Mandelmasse
50 g Butter	mit
200 g Zucker **2 Päckchen Vanillin-Zucker**	unter Rühren so lange erhitzen, bis der Zucker leicht gebräunt ist
250 ml (¼ l) Schlagsahne	hinzufügen, unter Rühren so lange erhitzen, bis der Zucker gelöst ist
300 g abgezogene, gehobelte Mandeln **150 g gewürfeltes Orangeat**	unterrühren, die Masse nochmals unter ständigem Rühren so lange erhitzen, bis sie gut gebunden und fest ist die Mandelmasse leicht bergartig auf
50-60 Oblaten (Durchmesser 4 cm)	streichen, sie auf ein Backblech legen, in den vorgeheizten Backofen schieben
Strom:	175-200
Gas:	3-4
Backzeit:	Etwa 10 Minuten
	für den Guß
150 g Kuvertüre	in einem kleinen Topf im heißen Wasserbad zu einer geschmeidigen Masse verrühren sofort nach dem Backen das Konfekt mit der Unterseite in die Kuvertüre tauchen das erkaltete Mandelkonfekt in gut schließende Gläser oder Dosen geben, kühl aufbewahren.

Mokka-Trüffel

(Abb. links)

125 g Vollmilch-Kuvertüre **150 g halbbittere Kuvertüre**	beide Zutaten kleinschneiden
125 ml (1/8 l) Schlagsahne	zum Kochen bringen, von der Kochstelle nehmen
4 Eßl. Instant-Kaffee	darin auflösen, die Kuvertüre,
50 g weiche Butter	hinzufügen
75 g Nuß-Nougatmasse	kleinschneiden, hinzufügen die Zutaten so lange mit einem Schneebesen rühren, bis eine glänzende, einheitliche Masse entstanden ist, etwas abkühlen lassen wenn die Masse fest zu werden beginnt, sie mit dem Handrührgerät mit Rührbesen hellcremig aufschlagen, sofort in einem Spritzbeutel mit Sterntülle oder Lochtülle geben und Tuffs in
etwa 55 Pralinen-Förmchen	spritzen, sollte die Masse zu fest werden, kann sie im Wasserbad geschmeidig gerührt werden jeden Tuff mit einer von
etwa 55 Mokkabohnen	garnieren die völlig erkalteten Pralinen in gut schließenden Dosen kühl aufbewahren.

Krokantbissen

(Abb. rechts)

20 g Butter **60 g Zucker**	so lange erhitzen, bis die Masse leicht gebräunt und der Zucker gelöst ist
125 g abgezogene, gehackte Mandeln	hinzufügen, unter Rühren erhitzen, bis der Krokant genug gebräunt ist, auf ein geöltes Backblech geben die erkaltete Krokantmasse in kleine Stücke zerstoßen
100 g zartbittere Schokolade	in kleine Stücke brechen, mit
5 Eßl. Schlagsahne	in einem kleinen Topf im heißen Wasserbad glattrühren, etwas abkühlen lassen, den Krokant unterrühren von der Masse Häufchen abstechen, auf Alufolie setzen, im Kühlschrank fest werden lassen die Krokantbissen in Cellophantüten verpacken oder in verschlossenen Glas- oder Porzellangefäßen kühl aufbewahren.

Rosinen-Rumkugeln

100 g Butter	geschmeidig rühren, nach und nach
100 g gesiebten Puderzucker **1 Päckchen Vanillin-Zucker** **300 g geriebene Blockschokolade** **3 Eßl. Rum**	unterrühren, zuletzt
125 g in Rum eingelegte Rosinen	hinzufügen die Masse eine Zeitlang kalt stellen, zu kleinen Kugeln formen, in
100–150 g Schokoladenstreuseln	wälzen das Konfekt in Cellophantüten verpacken oder in verschlossenen Glas- oder Porzellangefäßen kühl aufbewahren.

Rumkugeln

Etwa 500 g Biskuitteigbödenreste	zerkrümeln, in eine Rührschüssel geben
4 Eßl. Rum **250 ml (1/4 l) Wasser**	mischen, die Biskuitkrümel damit beträufeln
125 g Kokosfett	zerlassen, abkühlen lassen
65 g Puderzucker **20 g Back-Kakao**	in eine Rührschüssel sieben
1 Päckchen Vanillin-Zucker **1 Fläschchen Rum-Aroma**	hinzufügen
1 Ei	und nach und nach das Kokosfett unterrühren, die Masse unter die Biskuitkrümel rühren, etwa 15 Kugeln daraus formen, in
etwa 75 g Schokoladenstreuseln	wälzen, kalt stellen, damit sie fest werden.

Calvados-Pralinen

(Abb. links)

4 getrocknete Apfelringe	sehr fein würfeln, mit
3 Eßl. Calvados	übergießen, zugedeckt 3-4 Stunden ziehen lassen
200 ml Schlagsahne	zum Kochen bringen, von der Kochstelle nehmen
250 g halbbittere Kuvertüre	fein schneiden, mit
100 g Kokosfett	in die Sahne geben, unter Rühren auflösen, abkühlen lassen, bis die Masse halbfest ist, dann cremig aufschlagen, die Apfelstückchen mit dem Calvados unterrühren die Masse in einen Spritzbeutel mit weiter Lochtülle geben, Tuffs in Pralinenförmchen spritzen, mit
halbierten Pistazien-Kernen	garnieren.

Pfefferminztaler

500 g Puderzucker	sieben (etwas davon zurücklassen), mit
1 Eiweiß 3 Teel. Zitronensaft ½ Teel. Pfefferminzöl (aus der Apotheke)	in einer Schüssel so lange gut verkneten, bis eine ziemlich feste, aber geschmeidige Masse entstanden ist, auf dem restlichen Puderzucker etwa ½ cm dick ausrollen, mit einer runden Form (Durchmesser etwa 3 cm) Taler ausstechen, den restlichen Teig wieder zusammendrücken, ausrollen, wieder Taler ausstechen
200 g Halbbitter-Kuvertüre	in einem kleinen Topf im heißen Wasserbad zu einer geschmeidigen Masse verrühren, die Taler mit einer Gabel in die Kuvertüre tauchen, Taler am Rand des Gefäßes erst abklopfen, dann abstreifen, damit der Guß nicht zu dick wird, die Taler auf Pergamentpapier oder Alufolie absetzen um ein Streifenmuster zu erzielen, nach jedem 4. oder 5. Überziehungsvorgang mit der Kuvertüre die Gabel auf die Oberfläche der Pfefferminztaler drücken, nach oben wegziehen.

Pistazienkugeln und Krokanttaler

75 ml Schlagsahne	in einen Topf geben
1 Vanillestange	aufschneiden, das Mark herauskratzen, zu der Sahne geben, zum Kochen bringen, den Topf von der Kochstelle nehmen
250 g Kuvertüre	in kleine Stücke schneiden, unter Rühren in der Sahne schmelzen lassen
2-3 Teel. gesiebten Puderzucker	unterrühren, die Masse halbieren
	für die Pistazienkugeln
20 g Zitronat 20 g Orangeat	die beiden Zutaten fein würfeln
40 g abgezogene, gehackte Mandeln	unter die eine Hälfte der Schokoladenmasse rühren, die Masse etwa 10 Minuten im Kühlschrank stehen lassen, damit sie fest wird, die Masse mit den Händen zu einer Rolle formen, in Scheiben schneiden, schnell zu Kugeln formen, in
75 g abgezogenen, feingehackten Pistazienkernen	wälzen die Kugeln eine Zeitlang auf ein mit Alufolie belegtes Backblech kühl stellen, anschließend in
Papier-Pralinen-Förmchen	setzen, zugedeckt bis zum Verzehr (Verschenken) im Kühlschrank aufbewahren
	für die Krokanttaler die zweite Hälfte der Schokoladenmasse mit

100 g Haselnuß-krokant
50 g abgezogenen, gemahlenen Mandeln verkneten, auf einem mit Alufolie belegten Backblech mit einer Teigkarte aufstreichen, kurze Zeit kühl stellen, anschließend mit einer Ausstechform (Durchmesser etwa 3 cm) Taler ausstechen, mit einem Messer von
kandierten Veilchen
kandierten Rosenblättern den Guß leicht abschaben, die Krokanttaler damit verzieren, sie halten sich, kühl aufbewahrt, 2-3 Wochen frisch.

Walnuß-Aprikosen-Konfekt

(Abb. unten)

125 g getrocknete Aprikosen in sehr kleine Stücke schneiden, mit
3 Eßl. Aprikot Brandy übergießen, zugedeckt etwa 2 Stunden stehenlassen
200 g Marzipan-Rohmasse hinzufügen, mit einem elektrischen Handrührgerät mit Rührbesen gut verrühren
100 g gesiebten Puderzucker unterkneten
aus der Masse etwa 2 cm dicke Rollen formen, in etwa 1½ cm dicke Scheiben schneiden
100 g Kuvertüre in einem kleinen Topf im heißen Wasserbad zu einer geschmeidigen Masse verrühren
jedes Marzipanstückchen hineintauchen, auf Pergamentpapier setzen, evtl. nochmals umsetzen, damit das Konfekt keine »Füßchen« bekommt, mit
100 g Walnuß-kernhälften garnieren
das Konfekt möglichst in kleine Papiermanschetten setzen
bis zum Verzehr in gut schließende Dosen oder Gläser geben und kühl aufbewahren.

Ananas-Pralinen

(Etwa 100 Stück)

200 g Marzipan-Rohmasse	mit
100 g gesiebtem Puderzucker	verkneten, zu einem Rechteck von 20 × 25 cm ausrollen
etwa 200 g kandierte Ananasstückchen	in dünne Streifen schneiden, dicht nebeneinander auf die Marzipanplatte legen
200 g zartbittere Schokolade	in kleine Stücke brechen, in einem kleinen Topf im heißen Wasserbad geschmeidig rühren, etwas abkühlen lassen
2 gehäufte Eßl. Pulverkaffee	in
1 Eßl. heißem Wasser	auflösen
125 g weiche Butter	geschmeidig rühren, nach und nach
100 g gesiebten Puderzucker	
1 Eßl. Rum oder Weinbrand	und den Kaffee, die Schokolade unterrühren die Masse so lange rühren, bis sie so fest ist, daß Cremespitzen stehenbleiben die Masse auf die mit Ananasstreifen belegte Marzipanplatte streichen, mehrere Stunden kühl stellen, dann in Quadrate von 1½-2 cm schneiden, wieder kühl stellen
etwa 350 g halbbittere Kuvertüre	in einem kleinen Topf im heißen Wasserbad geschmeidig rühren die Ananas-Pralinen einzeln in die Kuvertüre tauchen, auf einer schmalzinkigen Gabel herausnehmen die Kuvertüre am Topfrand gut abstreifen, die Pralinen auf Pergamentpapier setzen, mit
Stückchen von kandierten Rosenblütenblättern	garnieren, den Guß fest werden lassen, die Ananas-Pralinen in gut schließenden Dosen kühl aufbewahren.
Verpackungsvorschlag zum Verschenken:	Die Pralinen einzeln in Pralinenmanschetten geben, in Schälchen aus Glas, Keramik, Porzellan oder in selbstgemachte Spankörbchen mit Bauernmotiven oder in Stroh-/Bastkörbchen setzen, in Geschenkpapier einpacken und mit Schleifenband verzieren.
Anmerkung:	Alle Pralinen, die nicht in fest schließenden Dosen oder Cellophantütchen verpackt sind, sollten mit Alufolie, Frischhaltefolie oder Cellophan umwickelt werden, damit keine fremden Geschmacks- oder Aromastoffe den zarten Pralinengeschmack beeinträchtigen können.

Pistazien-Marzipan-Herzen

(40-50 Stück - Abb. rechts)

200 g Marzipan-Rohmasse	mit
100 g gesiebtem Puderzucker	
50 g gemahlenen Pistazienkernen	
1 Eßl. Kirsch- oder Marillen-Likör	verkneten, die Masse auf
gesiebtem Puderzucker	etwa 1 cm dick ausrollen, mit einem Garnierausstecher in Herzform Herzen ausstechen die Marzipan-Herzen vorsichtig aus der Form drücken (an der Form haftende Marzipanreste entfernen) die Marzipan-Herzen in gesiebten Puderzucker tauchen, mit Alufolie abgedeckt 1-2 Stunden kühl stellen
150-200 g halbbittere Kuvertüre	in einem kleinen Topf im heißen Wasserbad geschmeidig rühren die Marzipan-Herzen einzeln in die Kuvertüre tauchen, auf einer schmalzinkigen Gabel herausheben die Kuvertüre am Topfrand gut abstreifen, die Herzen auf Pergamentpapier setzen, mit
Pistazienkernen	garnieren, den Guß fest werden lassen die Pistazien-Marzipan-Herzen in gut schließenden Dosen kühl aufbewahren.
Verpackungsvorschlag zum Verschenken:	Die Pistazien-Marzipan-Herzen in eine gekaufte Herz-Schachtel mit Papierspitze schichten, zwischen jede Schicht Klarsicht- oder Alufolie legen, mit dem Deckel verschließen, mit farblich passenden Bändchen dekorieren oder Kartons mit Dekorationspapier bekleben, mit Gummiherzchen oder Aufklebern (je nach Geschenkanlaß) versehen, die Pralinen hineingeben den Karton verschließen und großzügig mit Schleifenband zubinden.

Mandel-Nuß-Pralinen mit Pernod

100 g abgezogene, gemahlene Mandeln	mit
100 g gemahlenen Walnußkernen	
200 g Marzipan-Rohmasse	
100 g gesiebtem Puderzucker	
30 g gesiebtem Kakao	
50 ml Pernod	zu einem glatten Teig verkneten den Teig in 4 gleiche Portionen teilen, aus jeder Portion eine Rolle von etwa 15 cm Länge formen jede Rolle in 10 gleichgroße Stücke schneiden, daraus Ovale formen, auf ein mit Alufolie belegtes Backblech oder Tablett legen, etwas flachdrücken, kühl stellen
100 g halbbittere Kuvertüre	
etwas Kokosfett	in einem kleinen Topf im heißen Wasserbad zu einer geschmeidigen Masse verrühren, mit einer Gabel leicht in die Pralinen stechen, sie bis zum Rand in die Kuvertüre tauchen, am Rand des Gefäßes etwas abstreifen, auf Pergamentpapier oder Alufolie setzen
100 g Pecan-Nuß- oder Walnußkerne	mit der Unterseite in die Kuvertüre tauchen, auf die Oberseite jeder Praline 1 Kern leicht andrücken. Die Pralinen halten sich, kühl gestellt, etwa 2 Wochen.

Butterkonfekt

(Abb. unten)

150 g Butter	geschmeidig rühren
100 g Puderzucker	sieben, mit
1 Päckchen Vanillin-Zucker	nach und nach unterrühren
2 Eigelb	unterrühren
200 g zartbittere Schokolade	in kleine Stücke brechen, in einem kleinen Topf im heißen Wasserbad zu einer geschmeidigen Masse verrühren, unter die Eigelbcreme rühren, kalt stellen aus der festgewordenen Masse teelöffelweise nußgroße Mengen abstechen, nochmals kalt stellen, in
Schokoladenstreuseln oder Kakao	wälzen, mit den Händen leicht rund oder länglich formen das Butterkonfekt in Cellophantüten verpacken oder in gut schließende Glas- oder Porzellangefäße geben, kühl aufbewahren (Kühlschrank).

Erdbeer-Konfekt

(Abb. oben)

Etwa 500 g Erdbeeren mit Stiel vorsichtig waschen, trockentupfen

100 g zartbittere Schokolade mit
etwas Kokosfett in einem kleinen Topf im heißen Wasserbad geschmeidig rühren
die Erdbeeren zur Hälfte hineintauchen, zum Trocknen auf Pergamentpapier setzen.

Verpackungsvorschlag zum Verschenken: Das Erdbeer-Konfekt in Porzellan-Körbchen geben, mit Schleifenband verzieren und in Cellophanpapier großzügig verpacken oder
die Erdbeer-Pralinen in Spankörbchen oder Glasschalen oder -dosen geben und in Cellophanpapier verpackt verschenken.

Butter-Canache mit Zimt

(Abb. oben)

200 g halbbittere Kuvertüre in einem kleinen Topf im heißen Wasserbad zu einer geschmeidigen Masse verrühren, unter gelegentlichem Rühren so lange abkühlen lassen, bis sie dickflüssig ist

100 g Butter mit einem elektrischen Handrührgerät mit Rührbesen schlagen, nach und nach

40 g gesiebten Puderzucker
5 g gemahlenen Zimt
50 ml weißen Rum hinzufügen, die Kuvertüre unterrühren, kurze Zeit kalt stellen die Masse nochmals gut durchschlagen, sollte sie zu fest sein, sie kurz ins heiße Wasserbad stellen, nochmals durchschlagen die Masse in einen Spritzbeutel mit mittelgroßer Lochtülle füllen, etwa 4 cm lange Stäbchen auf Pergamentpapier oder Alufolie spritzen

50 g Vollmilch-Kuvertüre in einem kleinen Topf im heißen Wasserbad zu einer geschmeidigen Masse verrühren, in einen Spritzbeutel mit sehr kleiner Tülle füllen, sehr schnell feine Striche über die Stäbchen hin- und herspritzen, so daß sie wie mit Garn übersponnen aussehen von

20 g kandierten Veilchen jeweils 1 Veilchen auf ein Ende von jedem Stäbchen setzen. Die Pralinen halten sich in gut schließenden Gefäßen, kühl gestellt, 6-8 Tage.

Weichkrokantecken

(Abb. unten)

200 g abgezogene, gemahlene Mandeln	auf ein ungefettetes Backblech geben, in den vorgeheizten Backofen schieben, goldbraun rösten
Strom:	Etwa 200, **Gas:** Etwa 3
Backzeit:	6-8 Minuten
500 g Puderzucker	sieben, mit
50 g Honig	
50 g Butter	in einen Topf geben, unter Rühren so lange erhitzen, bis die Masse karamelisiert, kurz aufkochen lassen, den Topf von der Kochstelle nehmen
1 Vanillestange	aufschneiden, das Mark herauskratzen
300 g Marzipan-Rohmasse	in grobe Würfel schneiden, die beiden Zutaten mit den Mandeln kräftig unter die Karamelmasse rühren
125 ml (1/8 l) Schlagsahne	zuletzt unterrühren, die Masse auf ein gefettetes Backblech streichen, etwas abkühlen lassen, mit einem scharfen Messer erst in etwa 2 cm breite Streifen, dann in Rauten schneiden, erkalten lassen, mit einem Messer stückweise vom Blech lösen
100 g halbbittere Kuvertüre	in einem kleinen Topf im heißen Wasserbad zu einer geschmeidigen Masse verrühren, beide Rautenenden in die Kuvertüre tauchen, am Rand des Gefäßes abstreifen, auf Pergamentpapier oder Alufolie absetzen.

Trüffelspitzen

150 g zartbittere Schokolade	
100 g Vollmilch-Schokolade	in Stücke brechen, mit
200 ml (1/5 l) Schlagsahne	
100 g Kokosfett	unter Rühren erhitzen, bis eine glatte Masse entstanden ist, einmal kurz aufkochen lassen, in eine Schüssel geben
200 g kleingeschnittene Nuß-Nougatmasse	hinzufügen, so lange rühren, bis die Nougatmasse sich mit der Schokoladenmasse verbunden hat, kalt stellen, während des Erkaltens ab und zu durchrühren die erkaltete Masse mit einem elektrischen Handrührgerät mit Rührbesen durchrühren, bis sie etwas cremig wird, in kleinen Mengen in einen Spritzbeutel mit gezackter Tülle füllen, in
etwa 80 Metallrosetten	spritzen, mit
Pistazienkernen	garnieren die Trüffelspitzen in Alufolie oder Cellophan verpackt kühl aufbewahren.

Königsberger Marzipan-Eier

(Etwa 12 kleine Eier oder 6 große Eier)
(Abb. rechts)

500 g Mandeln	kurze Zeit in
kochendes Wasser	geben, in kaltem Wasser abschrecken, enthäuten, zum Trocknen auf ein Küchenhandtuch legen (am besten über Nacht) die Mandeln zweimal durch die Mandelmühle geben
500 g Puderzucker	sieben, mit
1 Eiweiß **5-6 Eßl. Rosenwasser**	zu den Mandeln geben die Zutaten mit einem elektrischen Handrührgerät zuerst auf der niedrigsten, dann auf der höchsten Stufe so lange verrühren, bis eine zusammenhängende Masse entstanden ist, in Alufolie verpackt bei Zimmertemperatur 1-2 Tage durchziehen lassen die Marzipanmasse halbieren eine Hälfte knapp 1 cm dick, die andere Hälfte etwa ½ cm dick auf
gesiebtem Puderzucker	ausrollen die dünne Marzipanplatte auf die dickere legen, mit Hilfe einer Pappschablone große Eier (etwa 15 cm lang und etwa 10 cm breit) ausschneiden und kleine Eier mit einem ovalen Ausstechförmchen ausstechen aus der Mitte jedes Eies jeweils die ½ cm dicke Schicht so herausschneiden oder ausstechen, daß ein Rand von etwa 1 cm bei den großen Eiern und etwa ½ cm bei den kleinen Eiern stehenbleibt die Ränder mit Hilfe eines Messer oder einer Gabel einkerben ein Backblech mit Alufolie auslegen die Marzipan-Eier darauflegen die Eierränder dünn mit
verschlagenem Eiweiß	bestreichen das Backblech unter den vorgeheizten Grill schieben
Grillzeit:	2-3 Minuten die Marzipan-Eier erkalten lassen
	für den Guß
200 g Puderzucker	sieben, mit
1 Eiweiß **etwa 3 Eßl. Kirschwasser oder Rum**	zu einem dickflüssigen Guß verrühren die Vertiefungen der Marzipan-Eier damit ausfüllen in den Guß vorsichtig
Zuckerblumen **Marzipanfiguren oder Marzipanrosen und -blätter** **Zuckerfiguren** **Liebesperlen**	drücken die Marzipaneier lose abdecken, damit der Guß trocknen kann, erst dann die Eier in Cellophan einwikkeln und mit Geschenkpapier zubinden die kleinen Eier nach Belieben mit einer Schlaufe zum Aufhängen an einem Osterstrauß versehen.
Veränderung:	Aus dem Königsberger Marzipan Herzen, Sterne oder Blumen ausstechen und mit kandierten Früchten, Mandeln, Haselnuß- oder Walnußkernen belegen.

Schokoladen-Petits-fours

	Für den Teig
2 Eier **3 Eßl. Wasser**	mit einem elektrischen Handrührgerät mit Rührbesen auf höchster Stufe in 1 Minute schaumig schlagen
100 g Zucker **1 Päckchen Vanillin-Zucker**	mischen, in 1 Minute einstreuen, dann noch 2 Minuten schlagen
75 g Weizenmehl	mit
50 g Speisestärke **1 gestrichenen Teel. Backpulver** **1 Eßl. Kakao**	mischen, sieben, kurz auf niedrigster Stufe unterrühren, den Teig etwa 1 cm dick auf ein mit Pergamentpapier belegtes Backblech streichen, an der offenen Seite des Backblechs das Papier unmittelbar vor dem Teig zur Falte knicken, so daß ein Rand entsteht das Backblech in den vorgeheizten Backofen schieben
Strom:	175-200
Gas:	3-4
Backzeit:	10-15 Minuten sofort nach dem Backen den Biskuit auf ein mit
Zucker:	bestreutes Pergamentpapier stürzen das Papier mit kaltem Wasser bestreichen, vorsichtig aber schnell abziehen, den Biskuit kalt stellen, kleine Sterne ausstechen
	für die Füllung
25 g Butter	mit
etwa 75 g Nuß-Nougatmasse	verrühren die Hälfte der Sterne mit der Nougatmasse bestreichen, die übrigen daraufsetzen

für den Guß

etwa 150 g zartbittere Schokolade mit
20 g Kokosfett in einem kleinen Topf im heißen Wasserbad zu einer geschmeidigen Masse verrühren, die Seiten der Sterne damit bestreichen

für den Belag

75 g Marzipan-Rohmasse auf
gesiebtem Puderzucker ausrollen, für jeden Biskuitstern einen Marzipanstern ausstechen
2 Eßl. Puderzucker mit
1 Eßl. Zitronensaft verrühren, die Marzipansterne damit bestreichen, auf die Biskuitsterne legen, mit
halbierten, kandierten Kirschen garnieren
die Petits fours in gut schließenden Dosen aufbewahren.

Fruchtige Petits fours

(Abb. rechts)

Für den Teig

2 Eier
3 Eßl. heißes Wasser mit einem elektrischen Handrührgerät mit Rührbesen 1 Minute auf höchster Stufe schlagen
100 g Zucker
1 Päckchen Vanillin-Zucker mischen, einstreuen, noch 2 Minuten schlagen
75 g Weizenmehl
50 g Speisestärke
1 gestrichenen Teel. Backpulver mischen, sieben, kurz auf Stufe 1 unterrühren, den Teig etwa 1 cm dick auf ein mit Pergamentpapier belegtes Backblech streichen, an der offenen Seite des Backblechs das Papier unmittelbar vor dem Teig zur Falte knicken, das Back-

	blech in den vorgeheizten Backofen schieben
Strom:	175-200
Gas:	3-4
Backzeit:	10-15 Minuten
Zucker	den Biskuit sofort auf ein mit bestreutes Pergamentpapier stürzen, das Papier mit kaltem Wasser bestreichen, vorsichtig, aber schnell abziehen, den Biskuit kalt stellen, Rauten (2 × 4 cm) ausschneiden
	für die Füllung
2 Eßl. Himbeer-Johannisbeer-Konfitüre	mit
1 Teel. Himbeergeist	verrühren, die Hälfte der Gebäckstücke damit bestreichen, die übrigen daraufsetzen
	für den Guß
etwa 300 g Puderzucker	sieben, mit Wasser,
Himbeergeist Lebensmittelfarbe	geschmeidig rühren, die Rauten damit überziehen, mit
Zuckerblumen	garnieren.

Petits fours

(Abb. S. 156)

3 Eier	
3-4 Eßl. heißes Wasser	mit einem elektrischen Handrührgerät mit Rührbesen auf höchster Stufe in 1 Minute schaumig schlagen
100 g Zucker	
1 Päckchen Vanillin-Zucker	mischen, in 1 Minute einstreuen, dann noch etwa 2 Minuten schlagen
100 g Weizenmehl	mit
1 gestrichenen Teel. Backpulver	mischen, die Hälfte davon auf die Eiercreme sieben, kurz auf niedrigster Stufe unterrühren den Rest des Mehl-Gemisches auf dieselbe Weise unterarbeiten zum Schluß nach und nach
75 g zerlassene, abgekühlte Butter	unterrühren den Teig etwa 1 cm dick auf ein gefettetes, mit Pergamentpapier belegtes Backblech streichen damit der Teig an der offenen Seite des Backblechs nicht auslaufen kann, das Papier unmittelbar vor dem Teig zur Falte knicken, so daß ein Rand

entsteht
das Backblech in den vorgeheizten Backofen schieben

Strom: 200–225
Gas: 3–4
Backzeit: 15–20 Minuten

den Biskuit sofort nach dem Backen auf ein mit Zucker bestreutes Papier stürzen, das Pergamentpapier mit kaltem Wasser bestreichen, vorsichtig, aber schnell abziehen
aus dem Biskuit mit einer kleinen Form 32 Herzen ausstechen
mit einem Ring (Durchmesser etwa 4 cm) 36 Törtchen ausstechen, mit einem Messer 22 Quadrate (3 × 3 cm) ausschneiden

für die Herzen

50 g Puderzucker sieben, mit
100 g Marzipan-Rohmasse verkneten, knapp ½ cm dick ausrollen, 16 Herzen (in der Größe der Biskuitherzen) ausstechen
150 g zarbittere Schokolade in kleine Stücke brechen, in einem kleinen Topf im Wasserbad bei schwacher Hitze zu einer geschmeidigen Masse verrühren
die Hälfte der Biskuitherzen mit etwas von der Schokolade bestreichen, die Marzipanherzen darauflegen, mit etwas von der Schokolade bestreichen, die restlichen Biskuitherzen darauflegen
das restliche Marzipan und die Schokoladenmasse aufheben
100 g Puderzucker sieben, mit
3 Eßl. rotem Johannisbeergelee
etwa 3 Teel. Wasser zu einem dickflüssigen Guß verrühren, die Herzen damit überziehen

für die Törtchen

75–100 g Nuß-Nougatmasse in einem kleinen Topf im Wasserbad bei schwacher Hitze zu einer geschmeidigen Masse verrühren, die Hälfte der Törtchen damit bestreichen, die restlichen Törtchen darauflegen
die restliche Nuß-Nougatmasse aufheben
die restliche Schokoladenmasse mit
20 g Kokosfett in einem kleinen Topf im Wasserbad bei schwacher Hitze zu einer geschmeidigen Masse verrühren, die Törtchen damit überziehen

für Quadrate

das restliche Marzipan dünn ausrollen, in 11 Quadrate (3 × 3 cm) schneiden, die Hälfte der Biskuitquadrate mit Nuß-Nougatmasse bestreichen, die Marzipanplättchen darauflegen, mit Nuß-Nougatmasse bestreichen, die restlichen Biskuitquadrate darauflegen
125 g Puderzucker sieben, mit
1–2 Eßl. Zitronensaft zu einem dickflüssigen Guß verrühren, die Quadrate damit überziehen
die Herzen und die Törtchen mit übriggebliebener Zitronen- oder Schokoladenglasur bespritzen, mit
Liebesperlen oder kandierten Früchten garnieren

für die Kugeln

die Biskuitreste zerkrümeln, in eine Rührschüssel geben, mit
2 Eßl. Curaçao beträufeln
35 g Kokosfett zerlassen, abkühlen lassen
25 g Puderzucker
1 gestrichenen Eßl. Kakao in eine Rührschüssel geben
1 Päckchen Vanillin-Zucker hinzufügen
1 Ei und nach und nach das Kokosfett unterrühren
die Masse mit den Biskuitkrümeln verrühren, etwa 10 Kugeln daraus formen, in
Schokoladenstreuseln wenden (am besten in einem Kaffeesieb), kalt stellen, damit sie fest werden, in gut schließenden Dosen aufbewahren.

Küchenratgeber

Torten und Plätzchen

Für das Backen von Torten und Plätzchen gibt es meist einen besonderen Anlaß. Torten gelten als das passende Gebäck für besonders feierliche Gelegenheiten wie Hochzeit, Taufe, Geburtstag, Jubiläum usw. Und die Plätzchenbäckerei steht vor allem vor dem schönsten Fest des Jahres, nämlich zu Weihnachten, hoch im Kurs. Die Weihnachtsbäckerei ist, zumal in Familien mit Kindern, der angenehmste und aufregendste Teil der Vorbereitungen auf das Fest.

Die Kunst der Tortenbäckerei

Seit Jahrhunderten reizt es die Zuckerbäkker der Welt, dem riesigen Tortenrepertoire, das es ohnehin schon gibt, auch eine eigene neue Kreation hinzuzufügen.

Torten sind im allgemeinen rund; das geht auf eine uralte Tradition zurück, denn ursprünglich aß man tortenähnliche Gebilde in der Form der Sonne, wir würden heute sagen runde Fladen, zu den Sonnwendfeiern.

Man braucht also eine runde Backform für die Torte. Entweder verwendet man also die Springform mit glattem Boden oder mit ringförmigem gewelltem Einsatz oder die flache Tortenbodenform.
Springformen werden heute in Weißblech oder Aluminium angeboten (fürs Backen im Gasherd am besten geeignet) oder aus dunklem Stahlblech (für den Elektroherd günstiger).
Beschichtungen sorgen dafür, daß die Torte garantiert nicht in der Form hängenbleibt. Aber wenn man die Form sorgfältig ausfettet und dann noch mit Semmelbröseln ausstreut oder mit Backtrennpapier auslegt, kann eigentlich auch in den einfachen Formen gar nichts passieren.
Für klassische Obsttorten gibt es die speziellen flacheren Tortenformen mit gewelltem Rand. Sie werden vielfach auch in feuerfester Keramik und sogar aus hitzebeständigem Porzellan oder Glas angeboten; darin kann man die Torten gleich dekorativ servieren.
Für die beliebten Torteletts, die man mit allen möglichen Obstsorten belegen kann, gibt es entsprechend kleinere Portionsförmchen.

Boden

Die solide Basis jeder Torte ist der Boden. Er besteht bei vielen klassischen Torten aus Biskuitteig, der - je nach der gewünschten Höhe der Torte - in zwei oder mehrere Schichten oder Platten geschnitten wird.
Andere Teige, wie Knetteig und Rührteig, die für Tortenböden ebenfalls Verwendung finden, sind meist schwerer und kalorienreicher, da sie zusätzlich zu Mehl, Zukker und Eiern auch noch Fett enthalten. Als Belag kommen deshalb für sie eher Früchte als üppige Sahne- oder Buttercremes in Frage.
Den Biskuitboden für eine Torte bereitet man am besten schon einen Tag vorher. Dann läßt er sich leichter schneiden und bestreichen.
Wichtig für jede Torte, die dekorativ aussehen soll, ist, daß die Oberfläche schön glatt ist. Wenn sich beim Backen aber kleine Wellen gebildet haben, kann man diese entweder mit einem scharfen Messer abschneiden oder die Torte einfach umdrehen und damit die in jedem Fall glatte Unterseite nach oben nehmen.
Für das Querdurchschneiden des Tortenbodens gibt es zwei Möglichkeiten, die aus den nebenstehenden Abbildungen zu ersehen sind.
Entweder verwendet man ein Messer mit sehr langer Schneide, oder man ritzt den Tortenrand rundherum mit einem spitzen Messer ein und schneidet den Boden oder die Platten mit Hilfe eines in diese Rille gelegten Zwirnsfadens durch.
Für das Hantieren mit den einzelnen Tortenschichten, also das Abnehmen und Wiederaufsetzen nach dem Füllen, verwendet man am besten starkes Papier (Pergamentpapier).

Füllung und Belag

Als Füllungen für Torten eignen sich Schlagsahne, Buttercreme, Sahnecreme, Pudding, zur Abwechslung bei mehrschichtigen Torten auch Marmeladen, bevorzugt Aprikosenmarmelade.
Die Füllung wird nach Rezeptanweisung zubereitet und mit einem Spatel, einer Teigkarte oder einem breiten Messer auf

jedem Boden verstrichen, bevor der nächste aufgesetzt wird.
Für die Gestaltung und Dekoration der Tortenoberfläche, also der ganz oben liegenden Platte sowie des Randes, sind der Fantasie kaum Grenzen gesetzt, wenn man sich nicht an klassischen historischen Vorbildern orientieren will; eine Sachertorte ist immer mit glattem Schokoladenguß überzogen, eine Dobostorte verlangt als letzten Schliff den karamelisierten Überzug, die Malakofftorte den weißen Sahnemantel und zur Dekoration für jedes Tortenstück eine kandierte Kirsche sowie einen Sahnetuff; beim Frankfurter Kranz wird die mit Buttercreme bestrichene Oberfläche mit gehackten gerösteten Nüssen oder Mandeln bestreut.

Als Geräte für das Füllen und Verzieren von Torten stehen dem Tortenbäcker der Tortenteiler, die Tortenspritze oder der Spritzbeutel mit verschieden geformten Tüllen zur Verfügung. Außerdem braucht er einen Pinsel zum Verstreichen dünnflüssiger Marmeladen und Glasuren und eine Palette oder ein breites Messer, um Füllungen und Glasuren damit glatt aufstreichen zu können.

Glasuren

Man kann eine Torte, statt sie zu füllen, auch einfach mit einer Glasur überziehen. Es gibt unzählig viele Zuckerglasuren, die durch unterschiedliche Geschmackszutaten aromatisiert werden können, zum Beispiel durch Zugabe von Zitronen- oder Orangensaft oder Rum oder Maraschino oder Kirschwasser oder Himbeergeist. Fast jedes Fruchtaroma eignet sich zur Verfeinerung und Färbung von Glasuren.
Besonders beliebt sind Glasuren aus Schokolade, die man entweder selbst aus geriebener Schokolade, Puderzucker, etwas Milch und gehärtetem Fett zubereitet oder fertig kauft und dann nur im Wasserbad zu schmelzen und auf der Torte zu verstreichen braucht.
Man kann eine Glasur auch mit steifgeschlagenem Eiweiß statt mit Wasser oder anderer Flüsssigkeit anrühren; eine solche Eiweißglasur läßt sich mit dem Spritzbeutel verteilen.

Dekoration mit Creme

Sahne- oder Buttercreme werden sowohl für die Füllung zwischen einzelnen Böden oder Schichten als auch für die Verzierung der Oberfläche von Torten verwendet. Nachdem der Rand und die Oberseite glatt mit der jeweiligen Creme bestrichen sind, tritt der Tortenteiler in Aktion. Dann füllt man die verbleibende Creme in eine Tortenspritze oder in den Spritzbeutel und verziert je nach Backvorschrift oder ganz nach Lust und Fantasie die Torte.

Beim Umgang mit dem Spritzbeutel ist zu beachten, daß man die Tülle senkrecht aufsetzt, den Beutel mit einer Hand zudrückt und mit der andern die Tülle hält und führt. So kann man die tollsten Gebilde aus Sahne- oder Buttercreme auf die Torte zaubern.
Das Verzieren sollte aber relativ zügig vor sich gehen, damit die Creme inzwischen nicht warm und damit zu flüssig wird.
Zusätzlich stehen einem die vielfältigsten Zutaten für das Tortendekor zur Verfügung. Sie reichen von Marzipan, kandierten Früchten, Liebesperlen, bunten oder Schokoladenstreuseln, gehackten Mandeln oder Haselnüssen und Walnußhälften bis zu fertig gekauften Blüten, Blättern, Sternchen und Herzen. Außerdem kann man Spritzglasuren in jeder gewünschten Farbe einfärben.
Eine andere Möglichkeit der Dekoration ist, sich Schablonen zu schneiden, diese auf die Tortenoberfläche zu legen und dann die Torte mit Kakao oder Puderzukker zu bestäuben. Dem Formen- und Farbenreichtum von Torten sind also, wie man sieht, kaum Grenzen gesetzt.

Plätzchenbäckerei

Ob aus Knetteig, verschiedenen Rührteigen oder aus Makronenmasse gemacht, Plätzchen oder Kekse stehen gerade in der Winterzeit, speziell zu Weihnachten, hoch im Kurs. Dabei schmecken sie doch eigentlich das ganze Jahr über.
Überraschen Sie doch Ihre Gäste einmal im Mai oder September mit einem bunten Teller aus duftendem Kleingebäck. Es paßt zum Tee und zum Kaffee, ist aber auch zusammen mit einem Täßchen Mokka köstlicher Abschluß eines festlichen Menüs. Die Palette der Möglichkeiten ist riesengroß, sie reicht von zarten Vanillekipferln bis zum Lebkuchen, vom Heidesand bis zu Kokosplätzchen, von Makronen bis zu feinen Printen, von Zimtsternen bis zu Wiener Herzen.
Jede Landschaft und auch die internationale Küche haben ihren speziellen Beitrag zum Plätzchenrepertoire geleistet; und fast jede Familie hat ihre ganz besonderen Spezialrezepte, die meist über Generationen weitergegeben werden.

Lebkuchen und Honiggebäck

Lebkuchen ist heute die allgemeingültige Bezeichnung für Backwaren, die durch ganz verschiedene Würzzutaten einen ganz spezifischen Geschmack bekommen und längere Zeit gelagert werden können. Wenn sie mit Honig statt mit Zucker hergestellt werden, spricht man von Honigkuchen; sie sind etwas noch Feineres als normale Lebkuchen. Der Honig, mit dem die Lebkuchen gesüßt werden, muß übrigens beim Verarbeiten flüssig sein.

Für echte Honigkuchen, die zu Weihnachten schmecken sollen, wird schon im September oder Oktober der Teig gerührt. Dann darf aber als Triebmittel nur Pottasche oder Hirschhornsalz verwendet werden. Nimmt man dagegen Backpulver, muß der Teig alsbald gebacken werden.

Berühmte Lebkuchen kommen nicht nur aus Nürnberg, der deutschen Lebkuchenstadt, sondern auch aus Basel und dem holländischen Deventer, aus Metz und aus Danzig.

Makronen oder Busserl

Man sollte nicht glauben, daß der Name »Makrone« denselben Ursprung hat wie das italienische »Makkaroni« (für die langen, röhrenförmigen Nudeln). Ursprünglich waren Makronen wohl ein Mandelgebäck, später variierte man die Zutaten und verwendete statt dessen auch Hasel- oder Walnüsse oder auch Kokosraspeln oder Marzipan. Makronenteig ist ein gerührter Teig, zu dem in jedem Fall Eiweiß nötig ist. Die Masse sollte so geschmeidig sein, daß man sie gut spritzen kann. Sie wird am besten auf Oblaten oder auf Back-Trennpapier gesetzt. Eine Mischung aus Knetteiggebäck und Makronen ergibt Plätzchen, deren Basis man aus ausgerolltem Knetteig aussticht und dann mit einem Häufchen Makronenmasse belegt.

Makronen dürfen nicht stark gebacken werden. Sie sollen sich auf Fingerdruck weich anfühlen, wenn man sie aus dem Ofen nimmt, denn sie trocknen beim Abkühlen noch nach. Zu lange gebackene Makronen werden hart und trocken. Wer Makronen am liebsten zart und weich mag, sollte sie am besten gleich frisch verzehren. Ansonsten bewahrt man sie in einer Blechdose auf, deren Deckel nicht ganz verschlossen wird. Außerdem kann man eine Scheibe Brot mit in die Dose legen.

Knetteig-Kleingebäck

Die meisten Möglichkeiten und Formen unter allen Teigen für kleines feines Gebäck bietet der Knetteig. Man kann ihn durch verschiedene Zutaten wie Nüsse, Mandeln, Schokolade, Marzipan usw. anreichern. Auch für die Weiterverarbeitung des Teiges gibt es unzählige Variationen: Der Teig wird ausgerollt, und man sticht mit verschieden geformten Ausstechern Plätzchen in Herz-, Stern-, Tier- oder Halbmondform aus, oder man verwendet einfach Gläser von unterschiedlichem Durchmesser und formt größere oder kleine Kreise. Man kann aber auch auf das Ausrollen des Teiges verzichten und statt dessen Rollen, Brezeln, kleine Laibe, Kipferl oder Kringel mit der Hand formen. Schließlich gibt es die Teigpresse, in die der Teig gefüllt wird und aus der man verschieden geformte Plätzchen spritzt. Im letzteren Fall muß der Teig allerdings sehr geschmeidig sein und sollte keine Stückzusätze wie grob gehackte Mandeln oder Orangeat enthalten. Gespritztes Gebäck

wird ganz besonders mürb. Für seine Herstellung gibt es Teigspritzen verschiedener Hersteller, aber auch Vorsätze für den Fleischwolf oder die Küchenmaschine. Gespritzter Teig muß immer gut gekühlt sein. Plätzchen aus Knetteig müssen nach dem Backen sofort vom Blech genommen werden und auf einem Kuchengitter vollständig abkühlen. Dann kann man sie in Blechdosen legen und fest verschließen.

Konfekt und Petits fours

Wenn's einmal etwas ganz Besonderes sein soll, mit dem man Gäste oder die eigene Familie überraschen möchte, dann sollte man sich die Mühe machen, Konfekt selbst herzustellen. Hausgemachte Pralinen sind übrigens auch ein besonders originelles Geschenk, vor allem wenn man sich den passenden Behälter für die kleinen Köstlichkeiten einfallen läßt. Man braucht dazu an Zutaten fast in allen Fällen Schokolade, außerdem je nach Rezept Nüsse, Mandeln, Marzipan, Nougat, etwas Alkoholisches, wie Rum, Cassis-Likör, Kirsch oder Pernod, eventuell getrocknete Früchte, wie Datteln und Feigen. Es wirkt sehr dekorativ, wenn man die fertigen Pralinen in weiße oder goldfarbene Pralinenhüllen aus Papier setzt; so können sie außerdem auch nicht zusammenkleben. Der Schokoladenüberzug von Pralinen verträgt übrigens beim Trocknen keinen Kälteschock. Deshalb stellt man Pralinen, aber auch Petits fours, nicht in den Kühlschrank, sondern läßt sie bei Zimmertemperatur trocknen. So bleiben sie schön glänzend.

Wie man Pannen beim Backen verhindern kann

Leider gelingt nicht immer alles auf Anhieb genauso, wie es im Buch bzw. im Rezept steht. Aber man braucht nicht gleich zu resignieren, wenn einmal etwas nicht klappt. Manche Dinge sind durch rechtzeitige und sachgerechte Pannenhilfe noch zu retten, andere kann man reparieren.
Und wo alle Hilfe zu spät kommt, da ist man durch einen Mißerfolg immerhin um eine Erfahrung reicher geworden und weiß sich beim nächsten Mal zu helfen.
Damit Ihnen bei der Bäckerei Enttäuschungen möglichst erspart bleiben, sollten Sie sich die folgenden Ratschläge sehr genau durchlesen und sie nach Möglichkeit beherzigen.
Hier also sind die Fälle und Eventualitäten angeführt, in denen man Rat und Hilfe braucht, damit einer Panne vorgebeugt oder der Schaden begrenzt werden kann:

Der Kuchen hat Klitschstreifen

Solche unangenehm klebrigen Streifen, die einem Freude und Genuß an jedem Backwerk vergällen, werden meist dadurch hervorgerufen, daß man in einen Rührteig zuviel Milch gegossen hat.
Der Teig darf nur so viel Flüssigkeit enthalten, daß er schwer reißend vom hochgehobenen Löffel fällt. Ein zu flüssiger Teig kann nicht halten, was er während des Backens noch verspricht.

Der Knetteig ist brüchig statt geschmeidig

Es fehlt ihm ganz einfach an Flüssigkeit. Dem kann abgeholfen werden, indem man den Teig so formt, daß er in der Mitte eine Vertiefung hat, in die man etwas Milch gießen kann.
Dann arbeitet man die Milch mit einer Gabel leicht in den Teig ein und kann ihn anschließend glattkneten.

Die Hefe geht nicht auf

Entweder liegt das an der Temperatur Ihrer Küche, sie sollte mindestens bei 22° liegen. Oder Sie haben die Milch, mit der die Hefe angerührt wurde, nicht vorgewärmt. Damit Hefe zum Gehen angeregt wird, braucht sie Flüssigkeit, die etwa Körpertemperatur, also um 36°, hat.

Die Plätzchen lassen sich nicht vom Blech lösen

Plätzchen müssen sofort, wenn sie gebakken sind, aus dem Ofen und vom Blech genommen werden, andernfalls kleben sie daran fest und sind kaum noch heil abzulösen.
Haben Sie das sofortige Abnehmen aber versäumt, müssen Sie den Backofen noch einmal auf die vorher eingestellte Backhitze bringen und das Backblech erneut einschieben.
Anschließend die Plätzchen sofort vom Backblech lösen.

Mürbe Plätzchen zerbrechen beim Lösen vom Backblech

Backen Sie Plätzchen auf Back-Trennpapier. Sie ersparen sich nicht nur das Einfetten des Blechs, sondern können die Plätzchen auch problemlos abheben. Außerdem wird das Blech nicht schmutzig. Backpapier kann mehrfach verwendet werden.

Das Eiweiß läßt sich nicht zu steifem Schnee schlagen

Wahrscheinlich ist etwas Eigelb daran schuld, das beim Trennen ins Eiweiß geraten ist. Entfernen Sie es vorsichtig mit einem Stück Eierschale.

Die Gelatine für die Tortencreme wird klumpig

Sie haben nicht daran gedacht, daß die Masse, in die Sie die Gelatine einrühren, nicht zu kalt sein darf. Sie sollte mindestens Zimmertemperatur haben. Ist sie kühler als 15°, so verbindet sich die aufgelöste Gelatine nicht wie gewünscht mit der Creme.

Rosinen oder Korinthen senken sich beim Backen nach unten

Dann ist der Teig zu flüssig ausgefallen. Achten Sie darauf, daß ein Rührteig stets schwer reißend vom Löffel fallen muß; dann bleiben Rosinen und Korinthen dort, wo sie beim Einfüllen in die Form waren.

Die Makronen bleiben nach dem Backen am Pergamentpapier hängen

Sie sollten sie zusammen mit dem Papier vom Blech nehmen und samt dem Papier auf ein nasses Geschirrtuch legen. Nach einer Weile lassen sie sich problemlos abziehen.

Der Rührkuchen fällt beim Backen zusammen

Das kann daran liegen, daß dem Teig mehr Flüssigkeit, als im Rezept angegeben, zugefügt wurde. Eine andere Ursache ist zu heftiges Rühren mit dem elektrischen Rührgerät. In beiden Fällen geht der Teig beim Backen zunächst hoch, fällt aber, weil er zu locker im Gerüst ist, bald wieder zusammen. Deshalb ist es wichtig, sich genau an die vorgeschriebenen Mengen zu halten und den Teig nicht zu stark mit dem Rührgerät oder dem Rührlöffel zu bearbeiten.

Der Quark-Ölteig wird zu weich

Schuld daran ist meist ein zu hoher Feuchtigkeitsgehalt des Quarks. Deshalb empfiehlt es sich, den Quark in jedem Fall vor der Verwendung auf einem Sieb gut ablaufen zu lassen oder ihn in einem Tuch auszupressen.

Der Kuchen ist beim Backen zu dunkel geworden

Da bleibt nichts anderes übrig, als die dunkle Kruste mit einem scharfen Messer gleichmäßig abzukratzen oder notfalls dikkere Stücke, die verbrannt sind, abzuschneiden. Um die dadurch unansehnlich gewordene Oberfläche zu kaschieren, überzieht man den Kuchen am besten mit einem Guß.

Der Käsekuchen sinkt in sich zusammen

Mit geringen Höheneinbußen - zumal in der Mitte - muß man beim Käsekuchen fast immer rechnen. Deshalb sollte von Anfang an die Quarkmasse zur Mitte hin höhergestrichen werden.
Außerdem läßt man den Kuchen oder die Torte nach Ablauf der Backzeit so lange im geschlossenen Ofen stehen, bis die Temperatur im Ofen auf Zimmertemperatur abgesunken ist.

Der Obsttortenboden weicht auf

Viele Obstsorten geben reichlich Flüssigkeit ab. Damit sie gebunden wird, ohne den Boden aufzuweichen, bestreut man diesen, bevor man die Früchte darauf verteilt, mit Sahnesteif.

Die mit Creme gefüllte Torte läßt sich nicht schneiden

Damit die Creme nicht beim Anschneiden und Portionieren der Torte herausquillt, schneidet man den obersten Boden vor dem Aufsetzen in die gewünschte Zahl von Stücken und legt diesen dann auf die Cremeschicht.

Der Napfkuchen oder Guglhupf hat Luftlöcher

Dieser Schönheitsfehler hat seine Ursache darin, daß der Teig zu stark gerührt wurde, während man das Mehl zugegeben hat. Man verhindert solche Luftlöcher, indem man das Mehl in kleinen Portionen (2-3 Eßlöffel auf einmal) zugibt und jeweils sofort und kurz verrührt.

Der Kuchen ist bröckelig und läßt sich nicht schneiden

Das Messer darf beim Schneiden der Stücke nicht heruntergedrückt, sondern soll in Sägebewegungen durch den Kuchen gezogen werden. Am günstigsten ist ein Sägemesser.

Der Tortenguß wird trüb

Man darf den Tortenguß beim Anrühren nicht zu stark bearbeiten, weil sonst kleine Luftblasen in die angedickte Masse eingeschlossen werden, die eine Trübung verursachen.
Den Guß deshalb nur kurz und vorsichtig mit einem Löffel, nicht mit dem Schneebesen anrühren.

Das Backpulver verfärbt sich

Backpulver verträgt die Nachbarschaft mit manchen Gewürzen nicht besonders gut; es nimmt bei längerer Lagerung neben Zimt oder Vanillezucker oft eine rosa Färbung an. Deshalb bewahrt man es am besten separat in einer gut schließenden Dose auf.
Die Verfärbung beeinträchtigt die Wirkung aber nicht.

Das Fett schäumt beim Fritieren von Fettgebäck

Dann hat das Ausbackfett wahrscheinlich noch nicht die optimale Temperatur erreicht. Durch das Schäumen können zarte Gebäckstücke zerreißen. Das läßt sich verhindern, wenn man jedesmal vor dem Einlegen des Teigs die Temperatur prüft, indem man den Stiel eines Holzlöffels ins Fett hält.
Bilden sich Bläschen am Stiel, hat das Fett die richtige Temperatur.

Rezeptverzeichnis, alphabetisch

A

B

C

D

E

F

H

I/J

K

L

M

N

O

P

Q

R

S

Sch

St

T

U

V

W

Z

Druck: Neue Stalling, Oldenburg

ISBN-Nummer:
3-7670-0608-1